Kurt Kolar

Unzertrennliche
Agaporniden

Anschaffung, Eingewöhnung, Ernährung,
Krankheiten, Zucht
Sonderteil: Unzertrennliche verstehen lernen

Mit Farbfotos bekannter Tierfotografen und
Zeichnungen von Fritz W. Köhler

GU
Gräfe und Unzer

Die Farbfotos auf dem Buchumschlag zeigen:
Umschlagvorderseite: Ein Pärchen Erdbeerköpfchen.
Umschlagseite 2: Pfirsichköpfchen.
Umschlagseite 3: Ein Pärchen Pfirsichköpfchen.
Umschlagrückseite: Verschiedene Mutationen des
Schwarzköpfchens.

Die Fotografen:
Ardea/Fink: Seite 48 unten; Brockmann/Wiching: Seite
27 o. l., o. r., u. l.; Dossenbach: Seite 48 oben; Lanter-
mann: Seite 27 u. r.; Okapia/Dürk: Seite 47; Reinhard:
U 1, U 2, Seite 9; Seite 10 o. r., u. r., Seite 28, Seite 37,
U 4; Scholtz: Seite 10 o. l., u. l., Seite 38, U 3.

CIP-Kurztitelaufnahme der Deutschen Bibliothek

Kolar, Kurt:
Unzertrennliche – Agaporniden: Anschaffung, Eingewöh-
nung, Ernährung, Krankheiten, Zucht; Sonderteil: Unzer-
trennliche verstehen lernen / Kurt Kolar. Mit Farbfotos
bekannter Tierfotografen und Zeichnungen von Fritz
W. Köhler. – 6. Aufl. – München: Gräfe und Unzer, 1991.
(GU Tier-Ratgeber)
ISBN 3-7742-3280-6

6. Auflage 1991
© 1984 Gräfe und Unzer GmbH, München
Alle Rechte vorbehalten. Nachdruck, auch auszugsweise,
sowie Verbreitung durch Film, Funk und Fernsehen,
durch fotomechanische Wiedergabe, Tonträger und Da-
tenverarbeitungssysteme jeder Art nur mit schriftlicher
Genehmigung des Verlages.

Redaktionsleitung: Hans Scherz
Lektorat: Renate Weinberger
Herstellung: Helmut Giersberg
Umschlaggestaltung: Heinz Kraxenberger

Druck des Textteils: Druckerei Wagner GmbH
Druck der Farbbilder und des Umschlags:
Graphische Anstalt E. Wartelsteiner
Bindung: Großbuchbinderei R. Oldenbourg

ISBN 3-7742-3280-6

Dr. Kurt Kolar
Zoologe und Verhaltensforscher, Zoofach-
händler und Kleinpapageien-Züchter, ist der
Autor von mehreren erfolgreichen Papagei-
enbüchern und Mitautor von Grzimeks Tier-
leben. Als Vorsitzender der Zoologischen
Gesellschaft Österreichs berät er das Wiener
Stadtgartenamt in zoologischen Fragen. 20
Jahre lang war er Mitarbeiter am Institut für
Verhaltensforschung in Wien-Wilhelminen-
berg (Leiter Professor Dr. Otto Koenig).

Inhalt

Ein Wort zuvor

Wer ein Beispiel für lebenslange Liebe und Treue bei Tieren sucht, der findet es bei den Papageien. Einmal eingegangene Paarbindungen dauern bei den meisten dieser Vögel bis zum Tod, wenn sie nicht gewaltsam vom Menschen oder natürlichen Feinden gelöst werden. Unzertrennliche oder Agaporniden, was »Liebesvögel« heißt, zeigen das sehr deutlich auch in der Obhut des Menschen. Im Gegensatz zu einigen Großpapageien akzeptieren diese clownhaft-bunten Kleinpapageien, die in Afrika zu Hause sind, den Menschen als Lebenspartner nicht. Man kann sie aus diesem Grunde nur paarweise halten.

Wer sie richtig, das heißt vor allem artgemäß hält, erlebt als Vogelbesitzer ein Ehe- und Familienleben, das teilweise fast menschliche Züge aufweist. Auch bei Agaporniden liegen Zuneigung und Streit nahe beieinander. Die angeborene Paarbindung und die gute Anpassungsfähigkeit einiger Arten an das Leben in der Obhut des Menschen haben dazu beigetragen, daß man sie mit Erfolg züchten kann.

Dr. Kurt Kolar, Zoologe und Verhaltensforscher, hat in diesem Heimtier-Ratgeber zusammengetragen, was man von der Anschaffung bis zur Zucht über diese Kleinpapageien wissen muß. Seit mehr als dreißig Jahren züchtet er selbst Agaporniden, er vermittelt also nicht nur theoretisches Wissen, sondern in der Praxis langjährig erprobte Kenntnisse, die vor allem dem Anfänger in der Agapornidenhaltung helfen, Fehler zu vermeiden. Aber auch dem erfahrenen Halter von Unzertrennlichen werden vor allem die detaillierten Artenbeschreibungen und die zahlreichen Tips, wie man Probleme bei der Zucht löst, viel Neues bieten. Anschaulich schildert der Autor, was für das Wohlbefinden und die Gesunderhaltung der Unzertrennlichen wichtig ist, wie man sie eingewöhnt, richtig ernährt und wie man Erkrankungen erkennt und richtig behandelt. Dank seiner großen Erfahrung gibt er ausschließlich praxiserprobte Ratschläge, die dem Vogelhalter zeigen, wie man den natürlichen Bedürfnissen der Agaporniden gerecht wird. Dabei verlangt er nichts, was ein Vogelhalter nicht auch in der Praxis verwirklichen könnte.

Dr. Kolar beschreibt die bunte Palette der Agapornidenarten und deren besondere Ansprüche bei der Haltung. Auch die Lebensräume und das Verhalten der wildlebenden Agaporniden werden geschildert, was dazu beiträgt, daß der Halter dieser liebenswerten Kleinpapageien die Verhaltensweisen und Bedürfnisse seiner Vögel besser verstehen lernt. Je mehr er über die Lebensweise der Agaporniden in ihrem natürlichen Lebensraum weiß, um so verständlicher werden ihm auch die notwendigen Voraussetzungen und Bedingungen einer artgemäßen Haltung.

Farbfotos der besten Tierfotografen ergänzen den fachlich fundierten Text. Die Fotos zeigen die ganze Farbenpracht der Agapornidenarten und ihrer Zuchtformen. Informative Zeichnungen von Fritz W. Köhler, darunter naturgetreu gezeichnete Verhaltensweisen und Verbreitungskarten aller Agapornidenarten vertiefen die Ausführungen des Autors, der mit diesem Heimtier-Ratgeber dazu beitragen will, daß jeder Agapornidenfreund seine Vögel optimal, also artgerecht, halten kann.

Wichtig: Damit die Freude an Agaporniden als Heimtiere ungetrübt bleibt, beachten Sie bitte die »Wichtigen Hinweise« auf Seite 72.

Überlegungen vor der Anschaffung

Unzertrennliche oder Agaporniden sind kleine in Afrika beheimatete Papageien, die – wie fast alle Papageien – gerne in Gesellschaft ihrer Artgenossen leben. Schon den ersten Beobachtern dieser farbenprächtigen, temperamentvollen Vögel ist aufgefallen, daß Männchen und Weibchen nach der Paarbildung das ganze Vogelleben lang zusammenbleiben. Solche »Ehepaare« sitzen fast immer eng aneinander gedrückt und putzen sich gegenseitig mit großem Eifer und liebevoller Hingabe das Gefieder. Dieser engen und ausdrucksvollen Paarbindung verdanken die kleinen Papageien ihre Namen Unzertrennliche und Liebesvögel. (In Frankreich nennt man sie »Inséparables« und im englischen Sprachraum ist die Bezeichnung »lovebirds« üblich.) Der Name Liebesvögel ist die Übersetzung des wissenschaftlichen Gattungsnamens *agapornis*.

Passen Unzertrennliche in Ihr Leben?

Mit ihrem lustigen Aussehen gewinnen Unzertrennliche sehr leicht die Herzen der Vogelfreunde. Die Gefahr eines übereilten Kaufes ist also sehr groß. Mit der Anschaffung von Tieren übernehmen Sie aber die ernste Verpflichtung, das ganze Tierleben lang für das Wohlbefinden Ihrer Pfleglinge zu sorgen. Nur wenn Sie und alle Familienmitglieder die nachfolgenden Fragen ohne Einschränkungen bejahen können, sind Unzertrennliche die richtigen Heimtiere für Sie:
● Sind Sie sich darüber im klaren, daß Unzertrennliche nicht zu den sprechbegabten Papageien zählen?
● Haben Sie vor allem Freude daran, Tiere zu beobachten? Agaporniden sind keine Schmusetiere; es sind Vögel, die die Umwelt ihres Besitzers mit bunten Farben und hellen Stimmen beleben und den Beobachter mit ihren interessanten Verhaltensweisen faszinieren können.
● Wissen Sie, daß man Agaporniden nur paarweise halten darf? Wegen ihrer angeborenen lebenslangen Paarbindung (→ Seite 59) ist von einer Einzelhaltung dringend abzuraten (→ Seite 7).

Unzertrennliche kraulen sich gegenseitig liebevoll und ausdauernd das Gefieder.

● Können Sie sich damit abfinden, daß Vogelhaltung etwas Schmutz mit sich bringt? Durch die schwirrenden Flügelschläge werden leere Samenhülsen, vor allem aber kleine Federn aus dem Käfig geweht.
● Haben Sie ausreichend Zeit, die Vögel zu versorgen? Käfig oder Voliere müssen selbstverständlich täglich gereinigt werden. Auch die Zubereitung des Futters erfordert einen gewissen Zeitaufwand (→ Seite 21).
● Sind Sie unempfindlich gegen hohe Vogelstimmen? Lauschen Sie vorsichtshalber in einer Zoofachhandlung den Stimmen der dort gehaltenen Unzertrennlichen. Das etwas scharf klingende Gezwitscher läßt sich nicht »abstellen«. (Denken Sie auch an empfindliche Nachbarn.)

● Haben Sie die Kosten für eine artgemäße Unterbringung bedacht? Unzertrennliche kann man nicht einfach in irgendeinen kleinen Vogelkäfig setzen. Sie brauchen einen großen Käfig (→ Seite 14) – am besten eine Voliere. Aus Sparsamkeitsgründen die Vögel in einen zu kleinen Käfig zu setzen, ist nichts anderes als Tierquälerei.

● Sind Sie bereit, die Mühen und Ausgaben für einen erkrankten Vogel auf sich zu nehmen? Erkrankungen sind bei gut gehaltenen Agaporniden glücklicherweise eine Ausnahme. Im Krankheitsfall können Tierarzthonorar und Medikamentenkosten den Kaufpreis des Vogels durchaus übersteigen.

● Werden die Vögel auch während Ihrer Abwesenheit gut versorgt (→ Seite 8)?

Gezüchtete oder importierte Agaporniden?

Jedem Tierfreund ist es natürlich lieber, wenn der »Bedarf« nicht durch eingeführte Wildfänge, sondern durch nachgezüchtete Tiere gedeckt werden kann. Bei den drei am häufigsten gehaltenen Unzertrennlichen – Rosenköpfchen, Schwarzköpfchen und Pfirsichköpfchen – trifft dies ja bereits in einem hohen Maße zu (→ Agaporniden-Arten, Seite 62).

Naturschutzbewußte Vogelfreunde lehnen es oft ab, aus freier Wildbahn stammende Tiere anzuschaffen. Sie denken an den Streß, dem diese Wesen vom Fang bis zum Eintreffen bei ihrem endgültigen Besitzer ausgesetzt sind, und wollen an diesen körperlichen und seelischen Belastungen von Tieren nicht mitschuldig sein. Manche wissen, daß alle Papageienvögel mit Ausnahme von Wellensittich,

Nymphensittich und Alexandersittich auf den Listen des Washingtoner Artenschutzabkommens geführt werden. Sie gehören entweder zu den besonders gefährdeten Arten, die praktisch überhaupt nicht in den Handel kommen, oder zu jener großen Gruppe, bei deren Ausfuhr die jeweilige Naturschutzbehörde bestätigen muß, daß durch die Entnahme dieser Tiere die freilebenden Bestände nicht gefährdet sind. Das heißt aber nicht – wie vielfach geglaubt wird –, daß alle in der zweiten Gruppe angeführten Arten tatsächlich in Gefahr sind. Einige Papageienarten leben in ihren Heimatländern noch immer in großer Anzahl; manche haben sich sogar zu Kulturfolgern entwickelt. Sie sind Nutznießer von Bewässerungsmaßnahmen oder der Anlage von Ackerland und Obstplantagen geworden, und konnten sich dank dieser günstigen Umstände besonders stark vermehren. Unausbleiblich sind jedoch in solchen Fällen die Verfolgungen durch den Menschen.

Auch einige Agaporniden-Arten (vor allem Schwarzköpfchen und Rosenköpfchen) nützen Hirse- und andere Getreidefelder zum Nahrungserwerb. Die – oft drastischen – Verfolgungen bleiben auch hier nicht aus. Ich meine, daß unter diesen Umständen die exportierten Tiere oft bessere Überlebenschancen haben als manche in ihrem heimatlichen Lebensraum verbleibende Artgenossen. Die Belastungen bei Fang, Transport und während der vorgeschriebenen Quarantäne sind natürlich gegeben, wobei aber gerade die anpassungsfähigen Agaporniden sich mit der veränderten Situation bald abfinden. Übrigens sind die Verluste beim Fang und während des Transportes zum Glück gering – vorausgesetzt natürlich, daß alles ordnungsgemäß und mit aller gebotenen Rücksicht auf die Gesundheit der Tiere durchgeführt wird. Einige Vogelfreunde fürchten die eventuell von importierten Tieren eingeschleppten Krankheiten. Derartige Bedenken kann ich ruhigen Gewissens zerstreuen, denn schon seit Jahrzehnten haben die Gesetzgeber in allen Ländern entsprechende, wirksame Schutzmaßnahmen vorgeschrieben, um das Einschleppen und die Ausbreitung vor allem der Papageienkrankheit (→ Seite 45) und der gefährlichen atypischen Geflügelpest (Newcastle-Krankheit) zu verhindern. Sie sehen also, daß Sie durchaus korrekt eingeführte Tiere erwerben können.

Unzertrennliche in Gesellschaft

Unzufrieden sind manche Vogelfreunde, wenn in ihrer – wie sie meinen – großen Voliere nur ein einziges Agaporniden-Pärchen haust. Sie hätten viel lieber ein buntes Gewimmel, zwei oder drei verschiedene Agaporniden-Arten zum Beispiel, und dazu einige Sittiche und bunte Prachtfinken.
So eine gemischte Gesellschaft läßt sich mitunter in einem sehr großen und durch geschickte Einrichtung mit Versteckmöglichkeiten versehenen Gehege halten – auf keinen Fall aber in einer Kleinvoliere von etwa einem halben Kubikmeter Rauminhalt. Zur Brutzeit kann es selbst in der großen Voliere ernste Auseinandersetzungen geben, denn die kleinen Unzertrennlichen gelten als Raufbolde, die sich weder mit artfremden Kleinvögeln noch mit Artgenossen immer gut vertragen müssen (→ Seite 30).
Leben zwei oder mehr Pärchen beisammen, muß ihnen ein Überangebot von gleich gestalteten und in gleicher Höhe aufgehängten Nistkästen zur Verfügung stehen. Alleinstehende Männchen oder Weibchen in solch einer Gruppe bedeuten unweigerlich das Ende des friedlichen Zusammenlebens.
Wenn Sie vor Zwischenfällen sicher sein wollen, halten Sie am besten jedes Paar für sich. Nur die Rußköpfchen (→ Seite 63) und die Erdbeerköpfchen (→ Seite 64) sind verträglicher. Sie können in Volieren kolonieweise gehalten werden, vertragen sich aber auch mit anderen Vögeln.
Selbst wenn als Ersatz für einen verstorbenen Partner ein neuer Vogel angeschafft wird, entstehen manchmal Probleme. Es ist gar nicht so sicher, daß sich die beiden auf Anhieb gut vertragen (→ Seite 29). Sichern Sie sich vom Händler oder Züchter vorsichtshalber ein Umtauschrecht.

Warnung vor der Einzelhaltung

Obwohl ich selbst ein begeisterter Vogelbeobachter bin und stets für eine tiergerechte Haltung eintrete – sie ist ja die notwendige Voraussetzung zum Beobachten –, muß ich mich doch damit abfinden, daß manchen Vogelfreund nur der direkte Kontakt mit einem zahmen und anhänglichen Tier befriedigt.
Ob die Einzelhaltung eines Agaporniden als Tierquälerei zu betrachten ist, kann man gar nicht so leicht entscheiden. Mit Sicherheit wird sie aber dann zur Quälerei, wenn der Pfleger seinem Tier nicht die nötige Zeit widmet.
Schauen Sie nur einmal einem Agaporniden-Pärchen längere Zeit zu. Fast den ganzen Tag verbringen die beiden in engstem Beisammensein. Schon allein die Anwesenheit des Partners scheint ihnen sehr viel zu

Unzertrennliche mit weißem Augenring.
Oben links: Schwarzköpfchen; oben rechts: Rußköpfchen; unten links: Pfirsichköpfchen; unten rechts: Erdbeerköpfchen.   ▷

geben. Dazu kommt noch das häufige gegenseitige Gefiederputzen, zur Brutzeit die
Balz mit Partnerfütterung, aber auch mal
ein kleines harmloses Schnabelgefecht.
Der Mensch muß seinem zahmen Papagei in
erster Linie den fast ununterbrochenen Kontakt vom Morgen bis zum Abend bieten
können, und wenigstens ab und zu ein wenig
Gefiederkraulen mit dem Finger.

Um sich am Kopf zu kratzen, führen Agaporniden das
Bein von hinten über den Flügel nach oben.

Rasch und mit Sicherheit völlig zahm werden Unzertrennliche, die der Züchter, gleich
nachdem sie futterfest sind, abgibt. Die etwas rauhen Zärtlichkeiten solcher Vögel
werden allerdings nicht von jedermann vertragen – sie zwicken und beißen in Finger,
Nase und Ohren und benützen den Kopf ihres Pflegers als Turngerät.
Wie man die Sache auch betrachtet, vom
Standpunkt des Vogels, mit dem sich ein
Mensch niemals so intensiv befassen kann
wie ein artgleicher Partner, oder von dem
des Menschen, der vom Zwickschnabel
selbst des reizendsten Pfirsichköpfchens bald
genug haben wird, ich bleibe bei meiner
Meinung: Lassen Sie die Tiere in Ihrer Obhut lieber ihr natürliches Leben führen!

Kinder und Unzertrennliche

Bei Kindern ist der Wunsch nach einem
Heimtier, und wenn es ein Vogel sein soll,
besonders nach einem bunten Papagei, sehr
verbreitet. Mag sein, daß gerade Unzertrennliche hie und da als Kompromißlösung
herhalten müssen, denn sie sind bunter als
Wellensittiche und nicht so anspruchsvoll –
und auch nicht so teuer – wie große Papageien.
Da sich viele Kinder in erster Linie den engen Kontakt zu ihren Heimtieren wünschen,
werden sie an einem Agaporniden-Pärchen,
das zumindest anfangs ein vom Menschen
etwas distanziertes Leben führt, nicht besonders viel Freude haben. Kinder mit dem
Hang zum Beobachten hingegen – sehr oft
sind dies Buben etwa ab dem zehnten Le-
bensjahr – sitzen erfahrungsgemäß voll Be-
geisterung stundenlang vor dem Vogelkäfig
und verzeichnen wie ein gewissenhafter Verhaltensforscher alle Reaktionen ihrer Pfleglinge. In diesem Alter kann man Kindern –
unter Kontrolle natürlich – schon die Betreuung dieser Vögel anvertrauen.

Wohin mit den Vögeln zur Urlaubszeit?

Eines der größten Probleme bei jeder Art
der Tierhaltung ist die Urlaubsbetreuung.
Viele Zoofachhandlungen nehmen Tiere in
Pflege, doch zur Urlaubszeit sind die räumli-
chen Möglichkeiten nicht immer ausreichend, überhaupt dann, wenn Sie mit einem
großen Agapornidenkäfig anrücken.
Der Idealfall wäre: Die Tiere bleiben, wo sie
sind, und ein Familienmitglied, ein Freund
oder Nachbar kümmert sich um sie. Sie soll-

◁ Gemeinsames Merkmal dieser Unzertrennlichen: der weiße
Augenring fehlt.
Oben links: Grauköpfchen; oben rechts: Bergpapageien;
unten links: Rosenköpfchen; unten rechts: Orangeköpfchen.

ten aber ihre Urlaubsvertretung rechtzeitig und sehr sorgfältig mit der Vogelfütterung und -pflege vertraut machen. Die meisten Leute betrachten Tierefüttern als eine einfache Angelegenheit, zu der es keine Frage gibt, doch ist falsche Betreuung durch hilfsbereite, aber nicht an Tiere gewöhnte Menschen leider recht häufig.

Werden die Tiere in einer Voliere gehalten, bleibt Ihnen nichts anderes übrig, als jemanden zu suchen, der Ihre Unzertrennlichen an Ort und Stelle betreut. Für die Vögel wäre es eine zu große Belastung, wenn sie eingefangen und in einem ungewohnten Käfig drei oder vier Wochen beim Zoofachhändler oder in einer Tierpension verbringen müßten. Dagegen macht es ihnen nichts aus, in ihrem vertrauten Zimmerkäfig zum Urlaubspflegeplatz transportiert zu werden. Bedenken Sie bitte, daß in Tierpensionen das Pflegepersonal vielleicht zum ersten Mal Unzertrennliche zu sehen bekommt. Schreiben Sie daher die Grundregeln der täglichen Betreuung auf einen Zettel, und befestigen Sie ihn – unerreichbar für die Tiere – am Käfig.

Bleibt dann noch die Möglichkeit, die Vögel an Ihren Urlaubsort mitzunehmen. Solange Sie im eigenen Land bleiben und nicht länger als zwei bis drei Stunden unterwegs sind, ist dies prinzipiell möglich. Bei drückend heißem Sommerwetter kommt aber ein solcher Tiertransport ebensowenig in Frage wie bei klirrender Winterkälte. Sind Sie mit dem Auto unterwegs, brauchen Sie bei Temperaturen zwischen 5° und 25° C keine Bedenken zu haben. Der Käfig müßte allerdings problemlos ins Auto passen, denn ein Umsetzen in eine Transportkiste, wäre für die Vögel eine zu große psychische Belastung. Das Reisen mit Unzertrennlichen sollte man allerdings nur als Notlösung in Betracht ziehen.

Ratschläge für den Vogelkauf

Tierkauf ist Vertrauenssache und nicht immer ganz risikofrei. Am meisten riskieren Sie jedenfalls, wenn Sie sich Ihre Vögel zusenden lassen. Davon möchte ich Ihnen dringend abraten. Nehmen Sie lieber einen weiteren Weg zu einem guten Zoofachhändler oder einem gewissenhaften Züchter in Kauf. Das erspart Ihnen so manchen späteren Ärger. Sie können so nicht nur die Vögel vor dem Kauf genau begutachten (→ Seite 12), sondern auch gleich sehen, wie der Händler beziehungsweise der Züchter sie bisher untergebracht hat. Schlecht gehaltene Tiere neigen viel eher zu Krankheiten als gut versorgte. In einer guten Zoofachhandlung sind die Verkaufskäfige sauber und mit frischem Sand ausgestreut; Futter und Wasser weisen keinerlei Verschmutzungen (Kot) auf.

Unter den Vogelzüchtern gibt es manchmal »schwarze Schafe«, die ihre Tiere in primitiv zusammengebastelten Volieren halten, und es mit der Hygiene und der tiergerechten Ernährung nicht sehr genau nehmen. Tiere aus derartigen Zuchten können Mangelerscheinungen, mitunter auch Krankheiten haben. Seien Sie also bei preisgünstigen Käufen »direkt vom Züchter«, wie sie meistens auf den sogenannten Vogelmärkten getätigt werden, besonders vorsichtig.

Folgende Vorschriften sollten Sie als Käufer von Agaporniden beachten:

Nachweispflicht: Als Besitzer eines artengeschützten Papageis müssen Sie den rechtmäßigen Besitz nachweisen. Die sogenannte CITES-Bescheinigung als »Quasi«-Personalausweis erfüllt diese Voraussetzungen. Ohne dieses amtliche Dokument sollten Sie keine Agaporniden an- oder verkaufen.

Überlegungen vor der Anschaffung

Anzeigepflicht: Der Besitzer eines Agaporniden hat den Besitz seines Tieres unverzüglich der zuständigen Naturschutzbehörde anzuzeigen. Folgende Angaben sind erforderlich: Art, Alter, Geschlecht, Herkunft, Verbleib, Standort, Verwendungszweck, Kennzeichen (Fußring-Nummer) und Registrierungsnummer der CITES-Bescheinigung.

Diese Vorschriften sind gültig für die Bundesrepublik Deutschland. Die in Österreich und der Schweiz geltenden Bestimmungen können Sie bei den dortigen Zoofachhändlern erfragen.

So erkennt man einen gesunden Vogel

Ganz egal wo man seine Vögel kauft, es ist auf jeden Fall von Vorteil, wenn man eine Ahnung davon hat, woran kranke Tiere zu erkennen sind:

● Beobachten Sie die Tiere zuerst aus größerer Entfernung. Tiere, die nicht ganz in Ordnung sind, fallen durch ihr geplustertes Gefieder und die müden kleinen Augen auf. Ginge man gleich ganz nahe an den Käfig

Erschrecken Unzertrennliche, strecken sie ihren Körper und legen das Gefieder glatt an.

heran, hätten wegen dieser Beunruhigung alle Vögel ihr Gefieder glatt angelegt. Sie würden den Beobachter auch mit großen Augen ansehen.

● Importierte Unzertrennliche können durch die gedrängte Unterbringung bei den Importeuren Gefiedermängel aufweisen. Dies ist meistens unbedenklich; nur Agaporniden mit kahlen Körperstellen kauft man am besten nicht.

● Sehen Sie sich alle Körperöffnungen an! Sekretausfluß aus den Augen kann auf eine Bindehautentzündung hinweisen. Ausfluß aus dem Schnabel (an den verklebten Federn rund um den Schnabel deutlich zu erkennen) ist oft auf krankhafte Veränderungen des Kropfes zurückzuführen. Ist die Kloakenöffnung verschmutzt und die umgebende Haut gerötet, besteht Verdacht auf eine Erkrankung des Verdauungsapparates.

● In Zweifelsfällen sollten Sie sich über den Ernährungszustand der Vögel informieren. Nehmen Sie das Tier in die Hand und blasen Sie leicht ins Brustgefieder. Man sieht sofort, ob der Vogel abgemagert oder gut ernährt ist. Bei mageren Tieren tritt der Brustbeinkamm stark hervor. Stark abgemagerte Tiere sind den Belastungen durch einen erneuten Situationswechsel meistens nicht mehr gewachsen.

● Fehlen Krallen oder Zehenglieder, ist der Vogel normalerweise dadurch nicht behindert. Nur kopulierende Männchen haben es schwer, sich am Rücken des Weibchens festzuhalten. Wollen Sie züchten, so achten Sie unbedingt auf die Vollständigkeit der Zehen.

● Vögel mit Schnabelmißbildungen oder übermäßigem Schnabelwachstum (→ Seite 41) können Schwierigkeiten bei der Nahrungsaufnahme haben. Am besten erwirbt man nur Vögel mit einwandfreien Schnäbeln.

So erkennen Sie das Geschlecht

Gerade bei den empfehlenswerten und nahezu ständig erhältlichen Arten (Rosenköpfchen, Schwarzköpfchen und Pfirsichköpfchen) sind Männchen und Weibchen schwer voneinander zu unterscheiden. Man kann zwar von erfahrenen Züchtern hören, daß Weibchen meist größer wirken und etwas breitbeiniger auf den Stangen sitzen als Männchen, doch ganz sicher sind diese Anzeichen nicht.

Etwas verläßlicher, jedoch *nur* bei erwachsenen Tieren, die sich in Brutverfassung befinden, ist der sogenannte Beckentest. Beim Abtasten der Beckenregion kommen Sie zu zwei weit nach hinten ragenden Knochen, die beim Weibchen einige Millimeter auseinander stehen und etwas elastisch sind. Beim Männchen liegen die beiden Knochen eng beieinander. Mit dieser Methode der Geschlechtsbestimmung habe ich immer recht gute Erfahrungen gemacht.

In der Hand gehaltene Weibchen beißen heftiger als Männchen. Nachdem sie ja für den Nestbau zuständig sind, Höhlen in Stämmen und Ästen ausnagen und Nistmaterial zerlegen, muß der Schnabel natürlich entsprechend kräftig sein.

Es gibt aber noch weitere, jedoch ebenfalls nicht hundertprozentig zutreffende Geschlechtsmerkmale. Begegnen sich zwei Unzertrennliche, kommt es oft zu charakteristischen Schwanzsignalen: Weibchen spreizen die Schwanzfedern so, daß sie einen geraden Abschluß bilden, beim Männchen wirkt der Schwanz abgerundet. Von Männchen geht die Initiative aus, den Partner zu füttern, vorwiegend die Weibchen interessieren sich für Nistmaterial und Nestbau.

Bleibt noch die – bei Unzertrennlichen noch wenig erprobte – endoskopische Methode der Geschlechtsbestimmung. Dabei wird durch einen Hautschnitt eine Sonde in den Körper eingeführt, der Untersuchende kann dann die Geschlechtsorgane des Vogels optisch erkennen. Nachdem man auch mit den anderen Methoden verläßliche Resultate erzielen kann, sollten Sie Ihre Vögel damit verschonen.

Am einfachsten ist es, Sie beobachten die Vögel ganz genau, denn die wissen natürlich am besten, wer Männchen und wer Weibchen ist. Schauen Sie, welche Tiere bereits im Verkaufskäfig zueinander gefunden haben, und nehmen Sie diese mit nach Hause. Damit ersparen Sie den Tieren sogar, daß bestehende Bindungen wieder zerrissen werden.

Es ist nicht ganz einfach, Männchen von Weibchen zu unterscheiden. In der Regel sitzt das Weibchen etwas breitbeiniger auf der Stange als das Männchen.

Die Unterbringung

Auch in Menschenobhut soll jedes Tier die Möglichkeit zur Entfaltung zumindest seiner grundlegenden Verhaltensweisen bekommen. An erster Stelle gehören dazu die Fortbewegungsweisen. Den Unzertrennlichen muß man Möglichkeiten zum Fliegen und Klettern bieten.

Agaporniden sind geschickte Kletterer; ein großer Kletterbaum bietet dazu ausreichend Gelegenheit. Zum Selberbauen braucht man nicht viel: einen Bottich mit Sand und Schotter als Füllung und einen dicken Ast.

Der zweckmäßige Käfig

Die so oft gestellte Frage nach der Käfiggröße ist nur so zu beantworten, daß eine Vogelbehausung niemals zu groß sein kann, hingegen sehr oft zu klein, nämlich dann, wenn nicht einmal die Möglichkeit zu ein paar Flügelschlägen besteht. Maße von etwa 70 × 30 × 50 cm sind als unterste Grenze für einen Agapornidenkäfig zu betrachten. Die Tiere können so beim Durchmessen der Längsstrecke wenigstens zwei- oder dreimal mit den Flügeln schlagen, so daß die Flugmuskulatur auch bei einem ständigen Käfigleben nicht ganz verkümmert. Für ein Pärchen mit Nachwuchs reicht diese Käfiggröße nicht aus (→ Seite 50).

Wichtig ist beim Käfigkauf, daß der Abstand zwischen den Gitterstäben höchstens 15 mm beträgt, um ein Durchschlüpfen der kleinen Papageien zu verhindern. Große Wellensittichkäfige mit noch engerem Drahtabstand und schwächerem Gitter sind zur Unterbringung der kleineren Arten (Grauköpfchen und Rußköpfchen) geeignet. Die kräftigeren Arten (zum Beispiel Rosenköpfchen und Bergpapageien) würden jedoch im Laufe der Zeit die Schweißstellen lockern. Völlig ungeeignet sind kunststoffbeschichtete Vogelheime, denn die knabberfreudigen Papageien hätten bald die Kunststoffschicht abgenagt. Abraten muß ich Ihnen auch von Holzkäfigen, sie würden den starken Schnäbeln Ihrer Pfleglinge nicht lange standhalten.

Agaporniden sind kleine Kletterpapageien, sie brauchen deshalb im Käfig ausreichend Gelegenheit zum Klettern. Nun soll man den Käfig aber nicht mit Kletterästen vollstopfen, sonst bleibt zuwenig Flugraum, sondern durch einen wenigstens an zwei Seiten waagerecht verdrahteten Käfig den Vögeln zusätzliche Klettermöglichkeiten bieten. Kistenkäfige sind zumindest an einer Seitenwand mit Ästen auszustatten.

Im Käfig gibt es für den kräftigen Schnabel nicht so viele Einsatzmöglichkeiten wie in freier Wildbahn, doch das Bedürfnis nach Betätigung ist vorhanden, und so probieren die Unzertrennlichen mit Schnabel und Zunge immer wieder an allen möglichen Stellen des Käfigs herum. Sie zernagen Futternäpfe aus dünnem Kunststoffmaterial, beißen an den Türchen und entfernen sogar manchmal die Haltefedern. Schubtüren schieben sie auf und ab, bis sie eines Tages den Kopf durchstecken und unerlaubt den Käfig verlassen. Nicht verwendete Käfigtüren verschließt man am besten mit einem kurzen festen Drahtstück, die anderen Türen sichert man mit kleinen Karabinern.

Die Zimmervoliere

Die wenigsten Leute haben Platz und Geld genug, um einen eigenen Raum als Vogelstube einzurichten, aber zum Aufstellen einer kleineren Voliere besteht vielleicht doch die Möglichkeit. Für das Wohlbefinden der Tiere wäre damit sicherlich sehr viel getan.

Käfige mit einer Seitenlänge von etwa einem Meter kann man bereits als Voliere, als Flugraum, bezeichnen. Im Fachhandel sind sehr schöne und zweckmäßige Volieren erhältlich, die nach der Elementbauweise in beliebigen Größen zusammengestellt werden können. Aus Platzgründen haben nur wenige Zoofachgeschäfte diese großen Volieren vorrätig. Sie können aber dort die Kataloge der Hersteller einsehen und die für Sie passende Voliere bestellen.

Nachteilig ist allerdings der hohe Anschaffungspreis, so daß viele Vogelpfleger zum Werkzeug greifen und eine Zimmervoliere selbst bauen. Dabei ist grundsätzlich zu bedenken, daß Holz und Mauerwerk von den Unzertrennlichen meist sehr bald angenagt werden. Auf Dauer ist daher nur eine Rahmenkonstruktion aus Metall zweckmäßig. Zur Bespannung eignet sich punktgeschweißtes Viereckgitter (18 × 18 mm

Drahtabstand) am besten. Sie können aber auch fertig bespannte Rahmen einzeln kaufen, denn das Bespannen eines Metallrahmens ist nicht jedermanns Sache. Wird die Voliere direkt an eine Zimmerwand gebaut, etwa in eine Raumecke oder in eine Nische, ist das Mauerwerk zu verfliesen oder mit Steinplatten zu verkleiden.

Die Heimwerker unter den Vogelfreunden muß ich an dieser Stelle auf die einschlägigen Fachbücher verweisen (→ Bücher, die weiterhelfen, Seite 69), die komplette Anleitungen zum Selberbauen von Volieren geben.

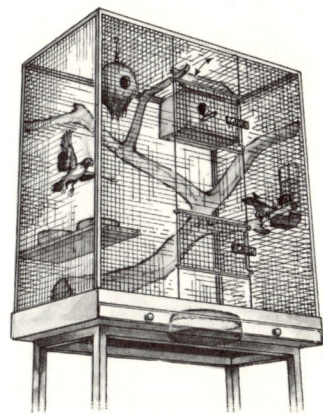

Schon diese kleinere Zimmervoliere mit den Maßen 80 × 50 × 100 cm ermöglicht den Vögeln eine kurze Strecke Flug.

Unzertrennliche nützen eher die oberen Regionen ihrer Gehege aus. Kleinere Volieren müssen daher keineswegs bis zum Boden reichen, es genügt, wenn sie ab Tischhöhe etwa einen Meter hoch sind.

Wie eine Zimmervoliere am zweckmäßigsten eingerichtet wird, habe ich auf Seite 18 ausführlich beschrieben.

Die Gartenvoliere

Eine Voliere im Garten ist auf jeden Fall die ideale Unterbringungsmöglichkeit. Kann das Gehege ans Haus angebaut werden, so daß die Tiere durch ein kleines Fenster ein bei kühlem Wetter etwas erwärmtes Innengehege aufsuchen können, ist diese Lösung die schönste für Ihre Agaporniden. Je nach Landstrich wird man die Vögel etwa von Mitte April bis Mitte Oktober in der Gartenvoliere belassen können.

Gartenvolieren bekommt man in Einzelteilen fertig zu kaufen oder man macht sich selbst ans Werk (→ Bücher, die weiterhelfen, Seite 69). Jedenfalls muß man aber selbst für das Fundament sorgen. Ein gutes Fundament ist sehr wichtig, denn als gefährlichste Plage für jeden Volierenbesitzer erweisen sich immer wieder die Ratten, die von unten ins Gehege eindringen. Reicht das Fundament etwa 70 cm tief in den Boden oder ist der Gehegeboden betoniert oder mit einer Gitterplatte versehen, sind Ratten mit Sicherheit ausgesperrt. Angelockt durch das Futter werden sich allerdings sehr bald Mäuse einfinden, von ihnen droht den Unzertrennlichen aber keine Gefahr. Wiesel oder Siebenschläfer, die durch eine schadhafte Gitterstelle in die Voliere gelangen, haben schon so manchen kleinen Papageien auf dem Gewissen. Regelmäßige Kontrollen der gesamten Gitterfläche gehören daher zum festen Arbeitsprogramm des Vogelhalters. Haben die Unzertrennlichen keinen Schlafkasten zur Verfügung, kann für sie ein nächtlicher Besuch von Katzen oder Eulen gefährlich werden. Durch die Störung aufgeschreckt, würden sie ans Gitter fliegen und dort für Katzenpfoten oder Eulenschnäbel erreichbar sein. Wo eine solche Gefahr

besteht, sichern Vogelhalter ihre Volieren durch zweifaches Vergittern der Gehegedecke.

In Freivolieren lebende Vögel können das gesunde ungefilterte Sonnenlicht genießen und im Regen baden. Vor manchen Witterungseinflüssen müssen Sie die Tiere aber schützen. Ein Teil der Decke ist mit einer wasserfesten Platte abzusichern; die der Wetterseite ausgesetzte Wand – vielfach ist es die nach Westen gerichtete – muß ebenfalls wind- und wasserdicht gebaut werden.

In Gartenvolieren ohne Zugang zu einem Innengehege sollten Sie immer Schlafkästen anbringen. Die Tiere sind dann nachts nicht nur vor nächtlichen Besuchern geschützt, sondern auch vor den kühleren Temperaturen, mit denen man im Früh- beziehungsweise Spätsommer ja rechnen muß.

Auf keinen Fall dürfen Sie den Bau einer kleinen Schleuse bei der Gehegetür vergessen. Kein Papageienpfleger huscht so schnell ins Gehege, als daß nicht seine Vögel manchmal noch schneller wären und durch einen Türspalt entwischen. Daß die Überlebenschancen entkommener Papageien in unseren Klimazonen praktisch null sind, leuchtet wohl jedem ein.

Der richtige Standort

Wo der Käfig seinen ständigen Platz finden soll, muß auch genau überlegt werden. Bedenken Sie, daß Unzertrennliche durchwegs tagaktiv sind und daß fast alle Arten in mit lockerer Vegetation bestandenem Gelände leben. Helligkeit und Sonnenlicht sollten sie keinesfalls missen. Nur ein Zuviel an heißer Sonne vertragen selbst diese Kinder Afrikas nicht. Direkt einstrahlende Sommermittagssonne wäre ihr sicherer Tod, könnten die Tiere sich nicht in den Schatten zurückziehen. Ein Platz in Fensternähe, wo die Morgensonne den Käfig bescheint, ist in der Wohnung gerade richtig.

Ein solider Käfig mit den Mindestmaßen 71 × 46 × 71 cm. (Im Zoofachhandel erhältliches Modell der Firma Wagner & Keller.) Bei dieser Größe brauchen die Vögel allerdings täglich Freiflug.

Vögel haben einen hohen Bedarf an sauerstoffreicher Luft. Tabakrauch, Kochdunst oder die abgestandene Luft in einem zu wenig gelüfteten Raum schaden ihnen auf Dauer. Zugluft ist aber ebenso verhängnisvoll. Steht der Käfig in einer Ecke oder Nische, sind seine Insassen vor Zugluft und vor Störungen durch Menschen sicher. Auch wenn ein Käfig oder eine Voliere in der Raummitte als Blickfang noch so dekorativ wirken, wäre das für die Tiere der ungünstigste Platz.
Vielfach stellt man den Vogelkäfig auf niedrige Tischchen, etwa in der Art von Fernsehtischen; so untergebracht, werden die Vögel unglücklich. Vor allem neu angeschaffte Vögel fühlen sich am sichersten und gewöhnen

sich rasch ein, wenn sie aus der Höhe auf den Menschen herunterblicken können. Jedenfalls muß sich die höchste Sitzstange im Käfig zumindest etwas über der Augenhöhe des größten Familienmitgliedes befinden. Am einmal gewählten Platz soll der Käfig stehen bleiben. Häufige Ortsveränderungen machen die Tiere nervös, brütende Tiere würden sogar ihre Gelege verlassen.
Immer wieder wird die Frage nach den schädlichen Einwirkungen von Fernsehgeräten auf Kleintiere gestellt. Nachdem man diesem Problem in wissenschaftlichen Untersuchungen nachgegangen ist, weiß man mit Gewißheit, daß es keine Gefahren durch das Fernsehen gibt. Natürlich dürfen Sie den Vogelkäfig nicht unmittelbar neben das Gerät stellen, er würde bei den Geräuschen und Tönen mitvibrieren. Abends ist durch eine über den Käfig gebreitete Decke dafür zu sorgen, daß die Vögel nicht zu lange den Lichtreizen ausgesetzt sind und auf jeden Fall zu ihrer zwölfstündigen Nachtruhe kommen. Durch den Ton lassen sie sich weniger stören.
Die hohen Frequenzen der Ultraschall-Fernbedienungsgeräte machen den Unzertrennlichen nichts aus. Darunter leiden jedoch viele Säugetiere.

Der richtige Lebensraum

Bei den Überlegungen, auf welche Weise man den Unzertrennlichen möglichst naturgemäße Haltungsbedingungen bieten kann, ist auch das Klima zu berücksichtigen. Alle Unzertrennlichen kommen aus Gebieten mit einer höheren jährlichen Durchschnittstemperatur, als wir sie in unseren Breiten kennen. Zwar gewöhnen sich die Vögel allmählich an die etwas niedrigeren Temperaturen, sie lassen sich also bis zu einem gewissen Grad akklimatisieren, doch darf man sie dabei nicht überfordern, wie das leider vielfach geschieht. Unzertrennliche überleben Gefriergrade bis unter $-10°$ C, sind aber unter solchen Lebensbedingungen ganz sicher nicht glücklich. Schließlich soll ja bei der Vogelhaltung nicht getestet werden, was die Tiere gerade noch aushalten, sondern jeder Tierhalter muß sich stets um artgerechte Haltungsbedingungen bemühen. Minusgrade sind für Agaporniden keineswegs artgerecht. Eine Ausnahme bilden allenfalls die Tarantapapageien, die im äthiopischen Bergland bis in Höhen von 3000 m vorkommen und von dort an etwas rauheres Klima gewöhnt sind. Nur wenige Vogelpfleger denken daran, daß ihre Pfleglinge auch ein gewisses Maß an Luftfeuchtigkeit brauchen, in jedem Fall mehr, als normalerweise in unseren Wohnräumen zu verzeichnen ist. Zimmerpflanzen – vor allem die in Hydrokultur gehaltenen – oder ein Aquarium schaffen in der Wohnung jene Luftfeuchtigkeit, bei der sich Agaporniden, aber auch Menschen wohlfühlen. Nachlässigkeit auf diesem Gebiet führt früher oder später zu Gefiederschäden, und wer gerne Vogelnachwuchs hätte, wird sich über Schlüpfprobleme ärgern müssen.

Einrichtung von Käfig und Voliere

Eine Tierunterkunft muß nicht nur groß genug, sondern auch zweckmäßig eingerichtet sein, damit das Tier seine wesentlichen Bedürfnisse befriedigen kann. Ob Sie nun einen Käfig oder eine Voliere einrichten, im Grunde genommen können Sie auf die gleiche Weise vorgehen.

Sitzstangen

In ihrer Heimat halten sich Agaporniden auf Bäumen oder im Strauchwerk auf und sitzen dort auf waagrechten, schrägen oder fast senkrechten Zweigen und Ästen, deren Durchmesser von wenigen Millimetern bis zu zehn und noch mehr Zentimeter betragen kann. Die Zehen müssen ständig anders zugreifen, eine fast ununterbrochene Zehen- und Beingymnastik ist demnach nötig. Außerdem können sich die Vögel mit Rinde, Blättern und Knospen beschäftigen, sie abnagen und zerkleinern. Man sollte also regelmäßig einen frischen Ast von Weide, Birke, Holunder, Linde oder von einem ungespritzten Obstbaum in den Käfig geben. Leben die Vögel in einem Käfig, sollte neben den mitgelieferten Sitzstangen aus Hartholz (Durchmesser etwa 15 mm, so daß die Vogelkrallen auf der Stange aufliegen) ein Naturast zur Einrichtung gehören. Größere Volieren sind überhaupt nur mit Naturästen einzurichten.

Noch ein paar Grundregeln zum Arrangieren der Sitzgelegenheiten:

● Sie sind fest zu verankern, damit sie nicht auf den Boden fallen können.

● Sie sind möglichst so anzuordnen, daß Futter- und Wassernäpfe, aber auch darunter befindliche Äste oder Stangen nicht durch den Vogelkot verschmutzt werden können.

● Die an der höchsten Stelle des Käfigs oder der Voliere angeordneten Sitzgelegenheiten dürfen nicht zu knapp in Deckennähe sein. Die Vögel würden sich sonst ihr Kopfgefieder beschädigen. In der Freivoliere besteht die Gefahr, daß irgendein Tier von außen durchs Gitter greift.

Die Unterbringung

Futter- und Wassergefäße

Wenn Sie nicht alle paar Wochen die Futternäpfe erneuern wollen, dann wählen Sie solche aus hartem Kunststoff oder aus Porzellan. Näpfe aus dünnem oder weichem Kunststoff werden recht schnell von den leistungsfähigen Schnäbeln der kleinen Papageien zerlegt. Früher oder später beginnen sie sogar an Tonschalen zu knabbern.

In der Voliere stellt man die Futternäpfe am besten auf einen kleinen Tisch oder auf ein Wandbrettchen, denn Unzertrennliche gehen nicht gerne auf den Boden. Abgesehen davon würden die am Boden stehenden Näpfe zu viele Mäuse anlocken.

Als Trinkwassergefäße können Sie bei Käfighaltung die üblichen, am Gitter zu befestigenden Kunststofftränken wählen. Zumindest solange diese von Ihren Vögeln nicht zerlegt werden. Ansonsten kommen kleine Porzellannäpfe in Frage. Wichtig ist vor allem, daß diese Gefäße leicht zu säubern sind.

Das Vogelbad

In der Gartenvoliere lebende Unzertrennliche haben es besser als Wohnungsvögel; sie sind jenen klimatischen Einflüssen ausgesetzt, die die verschiedensten Körperfunktionen anregen, darunter auch das Wachstum des Gefieders. Selbst Regen und Wind haben dafür ihre guten Seiten. Den Wohnungsvögeln müssen Sie regelmäßig etwas künstlichen Regen aus der Blumenspritze gönnen. Man merkt es den Tieren deutlich an, ob ihnen das Besprühtwerden angenehm ist. Ziehen sie sich ängstlich flatternd in einen Käfigwinkel zurück, ist das Besprühen sofort einzustellen.

In jede Agapornidenunterkunft gehört als Bad eine flache Schüssel mit abgestandenem Wasser. Vor allem bei sommerlichen Temperaturen planschen Agaporniden so lange und so heftig, bis sie ein klatschnasses Gefieder haben, dessen Farben dann kaum noch zu erkennen sind.

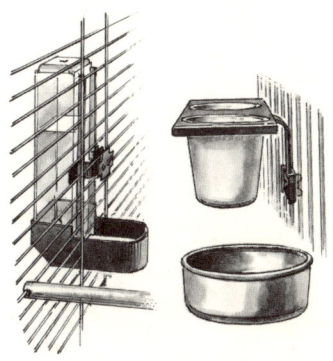

Vogeltränke (links) und Futternäpfe (rechts) für den Agaporniden-Käfig. Die Gefäße sollten aus hartem Material sein, sonst werden sie schnell von den kleinen Papageien zerlegt.

Keine Frage, daß die kleine Badewanne so aufzustellen ist, daß sie nicht von oben mit Kot verschmutzt werden kann. Gerade im Sommer entstünde dadurch sehr rasch eine übelriechende Brühe, in der sich Bakterien besonders schnell entwickeln können. Mindestens ein Wasserwechsel täglich mit gründlichem Auswaschen der Schüssel gehört zum Betreuungsprogramm jedes Pflegers dieser kleinen Papageien.

Schlaf- und Brutkästen

Freilebend brüten Unzertrennliche in ausgemorschten hohlen Stämmen oder Ästen. Sie verbringen aber auch die Nacht in diesen Höhlen. Zu einer Höhle können Sie Ihren Vögeln ganz leicht verhelfen: ein aus Holz gefertigter Nistkasten, etwas größer als die für Wellensittiche, genügt schon. (Die genauen Maße finden Sie auf Seite 50.) Für die in einem kleineren Käfig untergebrachten Vögel hängt man den Nistkasten, um Platz zu sparen, außen an ein Türchen. In einem geräumigen Käfig oder in der Voliere wird der Kasten im oberen Teil angebracht.

Nistkästen für Unzertrennliche zum Selberbauen. Für Rosenköpfchen, Schwarz- und Pfirsichköpfchen sind größere Kästen in den Maßen 20 × 20 × 25 cm empfehlenswert. Durchmesser des Einschlupflochs 4,5–5 cm. Beim Querschnitt links zu erkennen: Gitterrost und Wasserschale (→ auch Seite 50/51).

Wie sehr den Agaporniden ein solcher Kasten zusagt, können Sie schon bei gerade angeschafften Tieren beobachten. Sie suchen bereits nach kurzer Zeit in dem Kasten Schutz, sobald nur jemand das Zimmer betritt oder in ihre Nähe kommt. So haben Agaporniden ihren Zufluchtsort, an dem sie sich sicher fühlen; der Pfleger wird aber damit nicht ganz zufrieden sein, denn schließlich möchte er seine Tiere ja beobachten (und muß es sogar, → Seite 29). Also werden die Vögel in den ersten Wochen auf eine Höhle verzichten müssen. Sie gewöhnen sich

in dieser Zeit an ihren Betreuer. Sobald sie keine Furcht mehr zeigen, kann man ihnen den Nist- und Schlafkasten zur Verfügung stellen.

Dieser Kasten – er kann aus Brettern gezimmert sein oder aus einem Stück hohlen Stamm mit einem Einschlupfloch von etwa 50 mm Durchmesser – gibt den Tieren auch die Möglichkeit zur Beschäftigung. Damit es nicht aus Langeweile zum Federrupfen oder zu anderen schlechten Gewohnheiten kommt, sind diese Ersatzhöhlen sowie geeignetes Nestbaumaterial die richtige vorbeugende Therapie (→ Seite 51).

Die Ernährung

Bei jeder Art von Tierhaltung steht die artgerechte Ernährung im Mittelpunkt. Leider werden aber immer wieder zwei schwerwiegende Fehler begangen: Seltsamerweise sind viele Menschen der Meinung, daß Tiere auch minderwertiges Futter durchaus gut vertragen. Andererseits glauben viele, daß Tiere ähnliche Geschmacksempfindungen haben wie Menschen und sich daher über dieselben Leckerbissen freuen. Beides stimmt natürlich nicht – und schon gar nicht bei der Haltung von Unzertrennlichen! Man weiß heute recht genau, wovon sich Agaporniden in Freiheit ernähren, nämlich von verschiedensten Grassamen, Samen, Beeren und anderen Früchten von Bäumen und Sträuchern, Knospen und – vor allem zur Brutzeit – sogar Insekten. Schließlich profitieren die Unzertrennlichen von der modernen Feldwirtschaft und fliegen scharenweise in die Reis-, Mais- und Hirsefelder.

Natürlich können wir ihnen nicht genau dieselbe Nahrung bieten, die sie in ihren Heimatländern finden, doch jeder Vogelhalter hat die Möglichkeit, einen ziemlich vollwertigen Ersatz zu schaffen.

Ist Paketfutter ausreichend?

Die im Handel angebotenen Mischungen für Großsittiche und Unzertrennliche enthalten eine Vielfalt verschiedener Körnersorten, wie Sonnenblumenkerne, Hirse, Hafer, Spitzsamen, Leinsamen und Weizen. Alle diese Sämereien werden zumindest von den bekannten Markenfirmen in ausgesuchter Qualität, staubfrei und mit Mineralstoffen und Vitaminen angereichert auf den Markt

gebracht. Als Grundfutter sind diese Körnermischungen zu empfehlen. Vor allem jenen Vogelfreunden, die es gerne etwas bequem haben und sicher sein wollen, daß sie mit dem Kauf eines Futterpaketes ihren Tieren wirklich alles Notwendige mit nach Hause bringen.

Die in den Futtermischungen enthaltenen Vitamine haben eine Haltbarkeitsdauer von etwa 12 Monaten, die Saaten selbst halten sich doppelt so lange. Ein Aufdruck auf der Packung verrät Ihnen, wann das Futter abgefüllt worden ist. In der Regel bekommen Sie in den Zoofach- und Samenhandlungen einwandfreies Mischfutter. Sollte es aber von Larven (der Mehlmotte) versponnen sein, darf es nicht verfüttert werden. Das gleiche gilt für vermilbtes Futter. Servieren Sie Ihren Tieren die gemischte Körnerkost in einem größeren flachen Napf oder in mehreren kleinen Näpfen. So haben es die Vögel leichter, sich die ihnen zusagenden Körner herauszusuchen. Futterautomaten sind nicht verläßlich, da größere Sonnenblumenkerne den Nachfluß der Körner hemmen können.

Tips für selbstgemischtes Körnerfutter

Alle Sämereien bekommen Sie auch getrennt in Zoofach- und Samenhandlungen. Voraussetzung für die richtige Fütterung ist dann nur, daß Sie die einzelnen Sorten gut kennen und über ihre besonderen Eigenschaften Bescheid wissen.

Ein paar Hinweise zum Einkauf solcher Futtermittel, denn hier werden Sie kein Abfülldatum vorfinden: Das Futter muß sauber sein, darf nicht dumpf oder muffig riechen und keine Beimengungen von Unkrautsamen enthalten. Sonnenblumenkerne kosten Sie am besten, überlagerte Kerne verraten sich sofort durch den etwas ranzigen Geschmack. Besonders vorsichtigen Käufern empfehle ich eine Keimprobe. Bei einwandfreier Ware müssen etwa 90 % der Körner keimfähig sein (→ Keimfutter, Seite 23). Für die Versorgung von Unzertrennlichen wichtige Sämereien sind:

Hirse: Diese für die menschliche Ernährung früher auch bei uns sehr wichtige Pflanze ist wesentlicher Bestandteil der Futtermischungen. Es gibt mehrere Sorten, die sich in Farbe und Größe unterscheiden, aber ziemlich den gleichen Nährstoffgehalt aufweisen (→ nebenstehende Tabelle).

Spitzsaat (Kanariensaat, Glanzsamen): Neben der Hirse ist diese für alle körnerfressenden Vögel in unserer Obhut das wichtigste Körnerfutter.

Hafer: Wird meist in geschältem Zustand verfüttert. Wegen des relativ hohen Fettgehaltes dürfen Sie Hafer an zu gut genährte Vögel nur sparsam verfüttern. Hoch ist auch der Gehalt an verschiedenen Wirkstoffen, wie Vitamin E und B 1. Da diese Vitamine Brut und Jugendentwicklung günstig beeinflussen, sollten vor allem Zuchttiere Hafer bekommen.

Weizen: Im Keimling findet sich Vitamin E. Achten Sie beim Einkauf auf einen eventuellen Befall mit Getreiderüsselkäferlarven.

Die folgenden (sehr fetthaltigen) Futtersorten sind nur für normalgewichtige Vögel mit viel Bewegungsmöglichkeit zu empfehlen:

Leinsamen: Hoher Fett- und Eiweißgehalt. Guter Einfluß auf die Verdauung.

Hanf: Hoher Fett- und Eiweißgehalt. Wird meist gerne angenommen, soll aber nie in größeren Mengen gegeben werden. Geringe Gaben fördern den Geschlechtstrieb und die Eiablage und führen zu einem glänzenden Gefieder.

Sonnenblumenkerne: Es gibt verschiedene Sorten von unterschiedlicher Größe und Farbe. Die weißen werden meist bevorzugt. Sonnenblumenkerne sind der wesentliche Bestandteil der fertigen Mischungen. Wegen des besonders hohen Fettgehaltes sind sie mäßig, am besten in einem getrennten Napf, zu verfüttern.

Sehr gut als Futter für Unzertrennliche eignen sich auch die stark fetthaltige Negersaat, die Kardisaat (die winzigen Sonnenblumenkernen gleicht) oder Fichtensamen. Der gute Vogelhalter wird jede Möglichkeit nützen, um seine Tiere abwechslungsreich zu ernähren. Die in freier Wildbahn gebotene Vielfalt bleibt aber trotzdem unerreichbar.

Tabelle der wichtigsten Futtersorten
Inhaltsstoffe in Prozentzahlen

	Wasser	Roheiweiß	Rohfett	Rohfaser	Kohlenhydrate	Mineralstoffe
Hafer	12	10	2	4,5	69	2,5
Kolbenhirse	12	11,7	4,2	7,4	61,7	3
Rispenhirse	12	12,3	3,8	9,1	59,1	3,7
Spitzsaat	12	14,9	5,5	9,1	52,3	6,2
Negersaat	12	18,1	40,4	13,5	12,7	3,3
Leinsamen	12	23	32,8	7,4	20,7	4,1
Hanf	12	22,6	30,1	11,9	19,5	3,9
Sonnenblumenkerne (ohne Schale)	12	20,2	55,4	4	5,9	2,5
Äpfel	83,2	0,3	0,3	2,3	13,5	0,4
Karotten	87,1	1,2	0,2	1,1	9,4	1

Die Ernährung

Körnerfutter im Fruchtstand

Am meisten freuen sich Unzertrennliche, wenn Sie Körner im natürlichen Fruchtstand bekommen, zum Beispiel im Herbst eine ganze Sonnenblume mit den reifen Körnern oder von Juli bis Oktober die grüne Rispenhirse. Letztere gedeiht nicht überall, doch sollten gartenbesitzende Vogelfreunde einen Anbauversuch mit dieser Hirsesorte machen. Bei gutem Ernteergebnis kann man einen Vorrat in der Tiefkühltruhe einfrieren. Auch getrocknet wird die Rispenhirse von den Agaporniden gerne genommen. Im halbreifen, milchig weichen Zustand ist sie jedoch am wertvollsten. Sie ist leicht verdaulich, sehr vitaminreich und daher ein besonders gutes Aufzuchtfutter.

Auch die Kolbenhirse mit ihren kleineren, etwas matteren Körnern ist bei Papageien sehr beliebt. Wie bei der Rispenhirse sind die Körner noch nicht so sehr ausgetrocknet und etwas leichter verdaulich als die losen Körner. Oft lassen sie sogar das Futter im Napf unbeachtet, solange auf den Kolben oder Rispen noch etwas zu finden ist. Eine Nachahmung von diesen natürlichen Fruchtständen sind die im Handel erhältlichen sogenannten Kräcker oder die Futterblöcke in Herzform. Sie bestehen aus normalem Körnerfutter – manchmal mit Vitaminen und Mineralstoffen versehen –, das durch eine Zuckerlösung zusammengehalten wird.

Keimfutter

Mit gekeimtem Körnerfutter können Sie Ihren Vögeln ein leicht verdauliches Futter bieten, das vor allem für die Brutzeit und zur Jungenaufzucht hervorragend geeignet ist. Durch das Keimen werden verdauungsfördernde Fermente frei; bemerkenswert ist auch der hohe Gehalt an Vitamin E.

Wie kommt man nun zu Keimfutter? Nichts einfacher als das:

Weichen Sie qualitativ einwandfreie Körner 24 Stunden lang ein (bei mehrmaligem Wasserwechsel). Legen Sie dann die Körner in eine Schale und eine Glasplatte darauf. Nach ein bis zwei Tagen zeigen sich als weißliche Spitzen die Keime. Genau in diesem Stadium sollten Sie die Körner verfüttern. Sie werden abgeschwemmt, getrocknet und müssen dann rasch verfüttert werden, denn haltbar sind sie nicht.

Obst und Grünfutter

Obst ist sehr gesund. Dieser Satz gilt auch für die Ernährung der Unzertrennlichen. Sie sollten ihnen immer wieder verschiedenes Obst anbieten, wobei es allerdings geschehen kann, daß die lieben Tierchen das Angebotene völlig verschmähen. Viele Agaporniden kennen Obst überhaupt nicht, weil Fänger und Importeure, bei nachgezüchteten Tieren die Züchter, sich einfach nicht die Zeit nehmen, ihre vielen Tiere auch noch mit leicht verderblichen Früchten zu versorgen. Als privater Vogelhalter sollten Sie sich jedoch die Zeit dazu nehmen und geduldig versuchen, Ihre Vögel an dieses wichtige Zusatzfutter zu gewöhnen.

Die Ernährung

Sind geschnittene Stückchen nicht gefragt, so spießen Sie ein größeres Apfelstück oder eine Karotte auf einen stärkeren Draht in der Nähe eines Sitzastes oder auf einen durch den Sitzast geschlagenen stumpf gemachten Nagel. Diese natürliche Präsentation von Saftfutter wirkt manchmal Wunder.

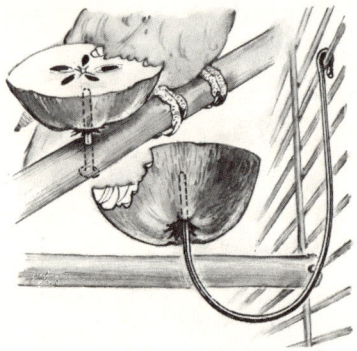

Werden geschnittene Obststückchen von Ihren Vögeln nicht angenommen, spießen Sie ein größeres Stück auf einen stumpfgemachten Nagel oder einen Draht.

Außer den ganzjährig verfügbaren Äpfeln und Birnen können Sie Kirschen, Pflaumen, Pfirsiche und Marillen (Aprikosen) anbieten. Die Kerne der größeren Früchte können Unzertrennliche nicht aufbeißen, die kleinen Kirschkerne aber knacken sie sehr schnell. Ihr Gehalt an Blausäure ist für kleine Papageien nicht gerade günstig, deshalb ist es am besten, die Kirschen nur entkernt zu geben. Auch verschiedene Zitrusfrüchte können die kleinen Papageien bekommen. Vor dem Verfüttern müssen Sie aber unbedingt die Schale entfernen, sie ist fast immer chemisch behandelt. Frische und getrocknete (eingeweichte) Beerenfrüchte können Sie auf den Futtertisch legen; Feigen werden von einigen Arten in ihren Heimatländern gerne verspeist. Alles, was Sie Ihren Tieren anbieten, muß Speisequalität haben. Verschmutztes oder fauliges Obst gehört in den Mülleimer und nicht in den Futternapf Ihrer Vögel. Die Tiere sind leider nicht so »klug«, daß sie alles verschmähen, was ihnen nicht zuträglich ist.

Grünes Futter gleich welcher Art enthält viel Wasser und wenig Nährstoffe, aber reichlich Mineralstoffe und Vitamine. Da es außerdem gerne angenommen wird, sollten Sie Ihre Unzertrennlichen regelmäßig mit dieser Zusatznahrung versorgen.

Im Sommer ist eine Futtervielfalt leicht erreichbar. So dürfen Sie Salat, Spinat, Petersilie und Sellerieblätter verfüttern. Draußen können Sie selbst verschiedenes sammeln (wegen der Bleiablagerungen aber nicht vom Straßenrand!), zum Beispiel Klee, Löwenzahn, Schafgarbe, Wegerich, Gras (muß fein gehackt werden) und vor allem die Vogelmiere. Sie wächst fast in jedem Garten und sogar auf Ödflächen und ist bei allen Vögeln beliebt.

Achten Sie beim Gemüseeinkauf darauf, daß Sie keine chemisch behandelten Sorten mit nach Hause bringen. Vögel reagieren auf Spritzmittel empfindlicher als Menschen. Im Winter ist es gar nicht so einfach, ungespritztes Grünfutter zu bekommen. Daher ist es fast besser, in dieser Jahreszeit vor allem gekeimtes Futter zu geben. Auch die im Handel erhältlichen »Keimtöpfe« oder »Vogelwiesen« sind jetzt angebracht.

Voll guter Eigenschaften sind die Karotten. Sie sind erstklassige Vitaminträger (die Vorstufe des Vitamin A), das Karotin beeinflußt die Gefiederfärbung recht günstig, und außerdem gelten sie als Vorbeugungsmittel gegen Wurminfektionen. Gründe genug, dieses Saftfutter zu jeder Jahreszeit anzubieten. Am besten spießen Sie die Karotten in großen Stücken auf (→ Seite 24).

Frische Zweige werden nicht nur zerlegt, sondern manches davon wandert auch in den Magen. Dabei werden Spurenelemente und einige Vitamine mitaufgenommen. Knospen sind am beliebtesten. Sie sind reich an Eiweiß und an verschiedenen anderen, für Vögel lebensnotwendigen Stoffen.

Ich brauche wohl kaum noch besonders darauf hinzuweisen, daß die Vögel selbstverständlich nur ungespritzte und nicht gerade am Straßenrand geschnittene Äste erhalten dürfen. Folgende Arten kommen in Frage: Obstbäume verschiedenster Art, Pappel, Weide, Erle, Birke, Linde, Ahorn, Eiche und Holunder.

Sand als Verdauungshilfe

Wie wichtig Sandkörnchen oder – bei den größeren Vogelarten – Steinchen als Verdauungshilfe sind, weiß man vor allem von den genauen Untersuchungen an Haushühnern. Jede Hausfrau, die je in der Küche einen Hühnermagen aufgeschnitten hat, wird sich an die Steinchen an den Magenwänden erinnern. Der Sand führt zu einer Verstärkung der Magenwände und zu einer besseren Mahltätigkeit. Bekommt das Huhn keinen Sand, wird das Körnerfutter um 10 % weniger gut ausgenützt. Kalksteinchen, Marmorsteinchen und Muschelgrit sind als Verdauungshilfe nicht geeignet. Alle diese Stoffe zersetzen sich unter der Einwirkung von Magensäure und verursachen eine übergroße

Mineralstoffaufnahme, die sogar zu Nierenschäden führen kann.

Was für das Huhn gilt, kann auch – obwohl hier genauere Untersuchungen noch ausstehen – in ähnlicher Form für andere Körnerfresser angenommen werden. Man kann diesen Untersuchungen jedenfalls entnehmen, daß die kleinen Papageien Flußvogelsand brauchen – entweder als Käfigeinstreu oder in geringer Menge in einem kleinen Napf angeboten.

Vitamine und Mineralstoffe

Wenn Sie sich nach den Fütterungsanweisungen (→ Seite 21 bis 26) richten, werden Ihre Tiere ziemlich alles, was sie an lebensnotwendigen Stoffen benötigen, auch bekommen. Allerdings ist nicht immer alles verfügbar, und außerdem gibt es für Ihre Vögel Zeiten besonderer Beanspruchung, wie Mauser, Entwicklungszeit, Brutperiode oder Krankheit, in denen zusätzliche Gaben dieser Wirkstoffe von großem Nutzen sind. Sie haben es heute recht einfach, Ihre Pfleglinge mit Vitamin- und Mineralstoffgaben zu versorgen. Der Zoofachhandel bietet eine Reihe von guten Präparaten, die einfach dem Futter oder dem Trinkwasser beizufügen sind. Nur vor dem bekannten Lebertran in flüssiger Form möchte ich Sie warnen. Ist so ein Fläschchen einmal geöffnet, verdirbt der Inhalt sehr rasch und hat damit seinen Nutzen verloren. Was zu den wichtigsten Vitaminen zu sagen ist, folgt nun im Telegrammstil:

Vitamin A: Wirkt auf Haut, Gefieder, Wachstum, Befruchtung, Schlupffähigkeit.

Kinderstube der Rosenköpfchen.
Oben: Gelege und frisch geschlüpfter Jungvogel; unten: Nestlinge, der jüngste ist etwa 10 Tage alt und Nestling im
Alter von 19 Tagen.
Zum Foto Seite 28: Wildfarbene und Zuchtformen des Schwarzköpfchens.
(Von links nach rechts) oben: blau, wildfarben, weißblau, gelb; unten: wildfarben, gelb, blau.

▷

In grünen Pflanzenteilen, Karotten, Eidotter, Mais, Getreidekeimlingen.

Vitamin D: Wirkt auf Knochenwachstum. Bei Mangel Knochenmißbildungen, zu dünne Eischalen. Hauptsächlich in tierischen Produkten (Leber, Milch). Bei Verabreichung müssen ausreichend Kalk und Phosphor (in Form von Mineralstoffmischungen) zugeführt werden.

Vitamin E: Wirkt auf Fortpflanzungsgeschehen, Brut- und Aufzuchterfolge. In Grünfutter, Sämereien, Getreidekleie.

Vitamin B 1: Wirkt auf Wachstum und Verdauung. In den meisten Futtermitteln, vor allem in gekeimten Sämereien.

Vitamin B 2: Wirkt auf Körperwachstum, Nervensystem, Legetätigkeit, Embryonalentwicklung, Schlupffähigkeit. In Grünfutter, Weizenkeimen, Milchprodukten, Leber, Hefe.

Vitamin B 6: Wirkt auf Appetit, Stoffwechsel, Wachstum. In Grünpflanzen, Getreide, Getreidekeimen, Hefe.

Vitamin B 12: Wirkt auf Wachstum, Blutbildung, Schlupffähigkeit, Lebensfähigkeit der Jungtiere. In allen Futtermitteln tierischer Herkunft.

Vitamin C: Wird im Vogelkörper selbst aufgebaut, muß daher nicht künstlich zugeführt werden.

Nicht jeder Vogelpfleger denkt an die ausreichende und rechtzeitige Vitaminversorgung seiner Tiere. Legenot und Schlupfprobleme müssen gar nicht erst auftreten, wenn man lange vor dem Einsetzen der Legetätigkeit durch Vitamingaben vorbeugt. Auf diese Weise wird für die Jungen im Ei ebenfalls eine ausreichende Vitaminreserve gesichert.

Die wichtigsten Mineralstoffe sind Kalzium und Phosphor; sie werden für den Aufbau des Knochengerüstes benötigt. Jungtiere und legende Weibchen verbrauchen große Mengen davon. Mit den üblichen Kalksteinen, selbst mit der bekannten Sepiaschale läßt sich dieser Bedarf leicht erfüllen. Zur Versorgung der Jungtiere mischt man Futterkalk in Pulverform ins Aufzuchtfutter.

Andere Stoffe, die oft nur in ganz geringen Mengen benötigt werden, sind deshalb nicht minder wichtig. Zu diesen Spurenelementen, die als Bestandteile von Hormonen, Vitaminen, Fermenten und des Blutfarbstoffes bedeutungsvoll sind, zählen unter anderem Eisen, Zink, Kupfer, Mangan und Jod. Die handelsüblichen Mineralstoffmischungen (zum Beispiel Pecutrin) enthalten diese Stoffe.

Grundregeln für Haltung und Pflege

Unzertrennliche zählen zwar zu den Stuben- und Volierenvögeln, deren Haltung nicht allzu kompliziert ist, trotzdem erfordert ihre Betreuung doch etwas mehr Arbeit als bloß das Nachfüllen einer Futtermischung aus dem Paket und die tägliche Gabe von frischem Wasser. Sorgfältige Pflege ist die Voraussetzung für ein langes und gesundes Vogelleben und damit auch die Voraussetzung für die Freude jedes Vogelhalters an seinen Tieren.

So bringen Sie die Vögel gut nach Hause

Die ausgewählten Tiere sind auf möglichst schonende Weise an ihren endgültigen Aufenthaltsort zu bringen. Manche meinen, es sei wohl am besten, die Vögel gleich in der Zoofachhandlung oder beim Züchter in ihr zukünftiges Vogelheim zu setzen und so nach Hause zu befördern. Weniger aufregend für die Unzertrennlichen ist es aber, wenn Sie sie entweder einzeln in kleine Transportkartons setzen oder paarweise in ein Transportkistchen. Die üblichen, mit Luftschlitzen versehenen Pappschachteln sind allerdings nicht sehr stabil – Sie dürfen damit nicht länger als etwa eine Stunde unterwegs sein, denn sonst wird die Schachtel von den Tieren zerlegt. Im Kistchen können Unzertrennliche länger bleiben, man kann sie auch mit etwas Futter versorgen. Setzt man sie gleich in den für sie fremden Käfig, würden sie während des Transportes nur ängstlich herumflattern, sich womöglich am Gitter verletzen oder zumindest die Federn abstoßen. In der dunklen Schachtel oder im Kistchen sind sie ruhig, und es besteht keinerlei Verletzungsgefahr.

Im Winter sind Transportbehälter selbstverständlich vor Kälte zu schützen; am sichersten verwahrt man sie unter dem Mantel oder der Jacke. An heißen und schwülen Sommertagen kauft und transportiert man am besten überhaupt keine Tiere. Schon allein das Herausfangen aus dem Verkaufskäfig kann den Kreislauf der kleinen Tiere zu sehr belasten.

Die Eingewöhnung

Zu Hause soll schon der fertig eingerichtete Käfig mit gefüllten Wasser- und Futternäpfen für die neuen Bewohner bereitstehen. Jedes unnötige Hantieren im Käfig würde die vom Transport und Ortswechsel ohnehin verschreckten Unzertrennlichen noch mehr ängstigen. Vorerst brauchen sie ein paar Tage Ruhe. Sie sollen und müssen Gelegenheit haben, die neue Umgebung und die für sie fremden Menschen kennenzulernen. Anfangs flattern sie natürlich davon, sobald man nur in die Nähe des Käfigs kommt, doch nach einiger Zeit merken sie, daß ihnen keine Gefahr droht, und bleiben dann auf ihren Ästen und Stangen sitzen. Je ruhiger Sie die Tiere anfangs versorgen, desto schneller werden sie sich an die täglich notwendigen Handgriffe im Käfig gewöhnen. Nichts verzögert die Eingewöhnung mehr als Hektik und Trubel im Vogelzimmer.
In besonders großen Gehegen kann man mehrere Paare zusammen halten (→ Seite 7), und dann ist es manchmal nötig, einem verwitweten Vogel einen neuen Partner zu verschaffen. Bevor nun neue Tiere einem vorhandenen Bestand zugesellt werden, sollten sie wenigstens eine Woche in einem ge-

trennten Käfig sitzen bleiben. Nur so haben Sie die Möglichkeit, den Gesundheitszustand der Neuen zu kontrollieren. Achten Sie vor allem darauf, ob die Tiere ausreichend Nahrung aufnehmen und diese auch gut verdauen (das gilt für jeden neuen Pflegling). Sind sie gesund und munter, dürfen Sie zu den anderen Vögeln gesetzt werden, wobei allerdings wieder ein anderes Problem auftreten kann. Unzertrennliche sind nicht immer so freundlich, wie sie aussehen, und müssen sich daher selbst mit Artgenossen nicht unbedingt vertragen. Beobachten Sie Ihre Vögel nach dem Einsetzen in eine schon bewohnte Voliere sehr genau, damit Sie ernsthafte Streitereien rechtzeitig unterbinden können.

Wenn es um Futter geht, sind Agaporniden selbst Artgenossen gegenüber nicht immer freundlich. Hier droht einer seinem Gegenüber mit vorgestrecktem Hals und aufgesperrtem Schnabel.

Junge Tiere werden sich rascher eingewöhnen als ältere, bei uns gezüchtete – sofern sie mit Menschen noch keine bösen Erfahrungen gemacht haben – rascher als importierte. Ferner gibt es auch individuelle Unterschiede. Wenn Sie mehrere dieser kleinen Papageien einige Zeit genauer beobachtet haben, werden Sie merken, daß Sie es mit einzelnen Persönlichkeiten zu tun haben, die

sich in manchen Eigenschaften von ihren Artgenossen unterscheiden. Daß sich paarweise erworbene Unzertrennliche besonders eng an den Menschen anschließen, dürfen Sie nicht erwarten. Agaporniden sind eben keine Schmusetiere, sondern – wie gesagt – eher für Menschen mit Freude am Beobachten geeignet. Wenn die eingewöhnten Tiere vor Ihren Augen ungeniert Ihr interessantes Verhalten zeigen, werden Sie als verständnisvoller Vogelliebhaber dann sicher viele glückliche Stunden erleben.

Tips für den Umgang mit Agaporniden

Fast alle Papageien sind bei Tag munter und aktiv. Im Freileben führt sie morgens nach der ersten Körperpflege gleich der Weg zur Tränke und dann zu den Plätzen, wo es gerade Nahrung gibt. Der Grad der Tageshelligkeit bestimmt den Beginn ihrer Aktivität, schon knapp nach der Morgendämmerung werden die Agaporniden rege. Sie würden natürlich auch im Käfig oder in der Voliere schon beim ersten Tageslicht aktiv werden, sich putzen, zum Wasser und zum Futter gehen und dabei selbstverständlich ihre Stimme hören lassen. Letzteres haben Nachbarn für gewöhnlich nicht gerne, zumindest nicht zu so früher Stunde, so daß Sie hier auf jeden Fall regelnd eingreifen müssen. Halten Sie deshalb Ihre Vögel in einem Raum, der abgedunkelt werden kann, oder verdecken Sie den Käfig mit einem leichten dunklen Tuch. Auf diese einfache Weise verhindern Sie, daß die Agaporniden früher als erwünscht munter werden.
Leben die Vögel im Sommer in einer Gartenvoliere mit angebautem Schutzraum, ist

es günstig, die Schlafkistchen im Innengehege aufzuhängen und die Tiere nachts dort einzusperren. Wer diese Möglichkeit nicht hat, wird seine Unzertrennlichen im Sommer schon um fünf Uhr morgens oder noch früher rufen hören. Diesen Vogelfreunden wünsche ich geduldige oder weit entfernte Nachbarn. In den Morgenstunden sind Unzertrennliche am lebendigsten. Sie bleiben es etwa bis zum späten Vormittag, legen dann eine ausgedehnte Ruhepause ein, um erst am späteren Nachmittag wieder mobiler zu werden.

Typische Schlafhaltung der Unzertrennlichen: Der Kopf ist nach hinten gedreht, der Schnabel im aufgeplusterten Rückengefieder versenkt, die Augen sind geschlossen.

Für den Vogelpfleger bedeutet dies: Die Tiere müssen unbedingt gleich am Morgen versorgt werden. Für Sie muß es einfach zur festen Gewohnheit werden, spätestens nach Ihrem eigenen Frühstück an die Vögel zu denken.

Wie Sie Unzertrennliche gut versorgen

Leider essen Vögel ihre täglichen Rationen nicht so brav auf, wie Sie es möglicherweise von Ihren Kindern verlangen. Die Futterkörner werden nicht im Ganzen verschluckt, sondern nur das Innere wandert in Kropf und Magen. Die Hülsen und Schalen fallen einfach herunter und bilden alsbald eine geschlossene Schicht auf dem Futternapf. Es liegt nicht in der Natur dieser Vögel in einem Napf herumzuwühlen, sie gelangen also nicht an die Körner in den unteren Regionen, so daß sie neben dem fast vollen Futternapf verhungern könnten (→ Seite 58). Ganze Körner werden aus der Futterschüssel geworfen, zwischen Körnern und Hülsen findet sich der beim Zerkleinern des Futters aus dem Schnabel fallende feine Staub der zermahlenen Körner und fast immer auch etwas Vogelkot.

Sie sehen also, mit dem bequemen Nachfüllen von Futter ist es nicht getan. Denn wenn Sie das ungenutzte Futter nicht einfach wegwerfen wollen, müssen Sie täglich die leeren Hülsen (durch Wegblasen) von den ganzen Körnern trennen. Die Schalen der Sonnenblumenkerne lassen sich jedoch nicht so einfach wegblasen. Schütteln Sie den Futternapf etwas, dann bleiben die leichteren Schalen obenauf.

Haben Sie einen größeren Vogelbestand zu versorgen, wird sich die Anschaffung eines Futterreinigungsgerätes lohnen, das Körner und Hülsen voneinander trennt.

Bieten Sie den Tieren die verschiedenen Körnersorten getrennt in mehreren Näpfen an, können Sie den Nahrungsbedarf besser kontrollieren und erleichtern sich selbst damit die tägliche Morgenarbeit.

Meist sind die Näpfe mit etwas Kot beschmutzt, doch selbst wenn keine verdächtigen Spuren wahrnehmbar sind, ist eine Verunreinigung des Futters zumindest mit Kotteilchen nicht auszuschließen. Denken Sie daran, daß sich die Vögel auf den Rand der Näpfe setzen, und daß die Vogelfüße ständig

mit Kot in Berührung kommen können.
Grund genug für eine tägliche Reinigung der
Futternäpfe.

Trink- und Badegefäße sind ebenfalls sorgfältig zu säubern, denn besonders bei sommerlichen Temperaturen wird aus dem Inhalt
rasch eine gesundheitsgefährdende stinkende
Brühe. Als verantwortungsbewußter Vogelpfleger bleibt Ihnen die tägliche Reinigung
nicht erspart. Etwa einmal pro Woche sollte
ein Desinfektionsmittel dem Waschwasser
zugesetzt werden. Nachher sind die Näpfe
sehr gründlich abzuschwemmen, ebenso
wenn Sie ein Geschirrspülmittel verwendet
haben. Papageien mit ihrem recht gut ausge-
bildeten Geschmackssinn würden Wasser mit
etwas verändertem Geschmack verschmähen.

Wenn ich gesagt habe, daß die Vögel täglich
frisches Trink- und Badewasser brauchen, ist
unter »frisch« keinesfalls eiskaltes, direkt
von der Leitung entnommenes Wasser zu
verstehen. Kaltes Wasser führt leicht zu Erkrankungen, bei frischem Leitungswasser ist
der Gehalt an Chlor meist recht hoch. Am
besten ist es, abends das benötigte Wasser-
quantum bereitzustellen. Am nächsten Morgen hat es die Raumtemperatur angenommen und das Chlor ist zu einem großen Teil
entwichen. Empfehlenswert – aber nicht
ganz billig – ist das in den Zoofachhandlungen erhältliche spezielle Vogelgetränk. Auch
kohlensäurefreies Mineralwasser können Sie
Ihren Vögeln geben. Es mag sein, daß Sie
Ihre Vögel nur selten trinken sehen. Machen
Sie es aber dann trotzdem nicht so wie manche Vogelpfleger, die aus Bequemlichkeit die
tägliche Wasserversorgung vernachlässigen
und einfach einen größeren Wasserspender
verwenden. Der Inhalt wird von diesen Leu-
ten oft nur am Wochenende gewechselt. Im

Vergleich zu den Säugetieren ist der Wasser-
bedarf bei Vögeln zwar tatsächlich geringer,
trotzdem ist und bleibt die tägliche Wasserversorgung eine eiserne Grundregel für jeden Vogelhalter.

Den Käfigboden mit Sand zu bestreuen hat
sich als recht praktisch erwiesen. Der im
Handel erhältliche Vogelsand ist sauber, un-
gezieferfrei und saugt die feuchten Anteile
des Kotes gut auf. Den Unzertrennlichen
hingegen ist es ziemlich egal, ob ihre Ver-
dauungsendprodukte auf Sand, Erde, ein
pflanzliches Streumittel oder auf grünen Ra-
sen fallen, als Körnerfresser brauchen sie
aber Sand auf jeden Fall zur Unterstützung
der Verdauung (→ Seite 25).

Die Käfigreinigung

Wenigstens einmal pro Woche steht die
gründliche Reinigung des Käfigs auf dem
Programm. Diese darf nur dann etwas ver-
nachlässigt werden, wenn brütende oder im
Nest ihren Nachwuchs versorgende Tiere
nicht gestört werden sollen. Täglich sind die
Sitzstangen zu säubern. Der sichtbar anhaf-
tende Schmutz ist zum Großteil Vogelkot
und damit ein Brutplatz für allerlei Keime.
Auch den sich unter den Sitzstangen ansam-
melnden Kot sollten Sie täglich entfernen.
Bleibt er liegen, trocknet er allmählich ein
und wird als feiner Staub durch die Flügelschläge der Vögel in die Luft gewirbelt – und
von Tier und Mensch eingeatmet.

Durch einfache Pflegemaßnahmen können
Sie Infektionsmöglichkeiten vermeiden.
Etwas aufwendiger ist das Säubern der Naturäste. Sie müssen den verschmutzten Stellen der Naturäste mit einer kräftigen Bürste

und heißem Wasser zu Leibe rücken und sie schließlich austauschen, wenn Waschen nicht mehr hilft.

Vergessen Sie übrigens nicht, einen täglichen Blick auf die Käfigverdrahtung zu werfen. Anhaftender Vogelkot verwandelt Messing- oder Chromglanz zu mattem Grau.

Vielleicht sind Sie der Meinung, daß dem Thema »Sauberhaltung« zu viel Raum gewidmet worden ist, denn schließlich sei doch die Beachtung hygienischer Grundregeln bei der Tierhaltung eine Selbstverständlichkeit.

Damit haben Sie wohl recht, doch leider sind nicht alle Tierhalter dieser Meinung. Seltsamerweise finden selbst manche sonst penible Menschen gar nichts dabei, wenn in der blitzsauberen Wohnung der Vogelkäfig vor Schmutz förmlich starrt – die Sandlade voll mit eingetrockneten Kotballen, die Sitzstangen von feuchtem Schmutz ganz klebrig, die Näpfe verkrustet und im Schlaf- oder Nistkasten eine Ansammlung von Milben. Viel zu oft bekomme ich solche Käfige zu sehen, mit Insassen, die alles andere als gesund aussehen.

Sauberkeit ist nun einmal eine wichtige Voraussetzung für ein gesundes und langes Vogelleben!

Die Pflege der Volierenvögel

In Volieren lebende Agaporniden sind im Grunde genommen ähnlich zu betreuen wie ihre Artgenossen im Zimmerkäfig. Die Erfahrung zeigt aber, daß es sich hier so mancher Pfleger noch eher etwas leicht macht. Der größere Raum verleitet einen dazu, es mit der Sauberkeit nicht so genau zu nehmen. Etwa nach dem Gesichtspunkt: Der nächste Regen schwemmt ohnedies alles wieder weg. Altfutter und leere Samenhülsen werden einfach auf den Boden geschüttet, bis sich dort eine hohe, feucht schimmelnde Schicht ansammelt. So weit darf es auf keinen Fall kommen. Das Altfutter würde zu viele Mäuse anlocken und – noch schlimmer – das Ganze wird zu einer Brutstätte für Krankheitserreger.

Reinigen Sie also auch den Volierenboden regelmäßig, wenigstens einmal pro Woche, indem Sie mit einem kleinen Drahtbesen alle Futterreste und den Vogelkot aufkehren. Täglich sind natürlich die Futterbretter und durch Kot verschmutzte Sitzäste zu reinigen.

Außerdem empfehle ich einen täglichen Kontrollblick auf die Gitterbahnen. Rost oder herabgefallene Äste schaffen manchmal einen unerwünschten Ausgang, den Sie auf jeden Fall früher als Ihre Vögel bemerken sollten.

Besteht der Volierenboden aus einer Erdschicht, müßte diese einmal jährlich – am besten im Spätherbst, wenn die Vögel bereits im Haus sind – etwa zehn Zentimeter tief abgegraben und erneuert werden. Durch Wildvögel, die sich aufs Gehegedach setzen, kann es leicht zu einer Wurminfektion kommen, gegen die selbst die gesündesten Vögel nicht gefeit sind.

Ich sehe ein, daß Sie sich eine solche Arbeit gerne ersparen möchten. Dann müßten Sie sich aber durch eine herbstliche Kotuntersuchung (→ Seite 44) von der Wurmfreiheit Ihrer Lieblinge überzeugen.

Beschäftigung für Unzertrennliche

Neben Futter, Wasser und sauberem Sand als Verdauungshilfe brauchen Agaporniden ein ständiges Angebot an frischen Zweigen. In stundenlanger Arbeit werden sie zerfasert und – falls ein Kasten zur Verfügung steht – als Nistmaterial eingetragen. Diese Zweige sind somit ein Muß, wenn Sie die Tiere zur Fortpflanzung bringen wollen, jedenfalls aber eine recht wichtige Beschäftigungstherapie.

Gibt es keine frischen Zweige, beschäftigen sich die Unzertrennlichen mit den Stengeln der Kolbenhirse, ja sie zerlegen sogar Papier. Mit dem im Zoofachhandel erhältlichen Sittich- und Papageienspielzeug aus Plastik wissen sie nicht viel anzufangen. Es ist jedenfalls weitaus besser, sie in einer ihrem natürlichen Verhalten entsprechenden Weise zu beschäftigen.

Das Einfangen in der Wohnung

Wann immer Sie im Käfig hantieren, ob beim Füttern oder beim Säubern, machen Sie es sich bitte zur Gewohnheit, vorher alle Fenster und Türen zu schließen. Immer wieder gibt es Situationen, wo auch dem geübtesten und erfahrensten Vogelpfleger einer seiner Gefiederten entfleucht. Unzertrennliche bilden hier absolut keine Ausnahme. Und noch eine weitere Empfehlung: Ziehen Sie auch die Vorhänge vor die Fenster und verhängen Sie große Spiegel. Vor allem wenn sie bei Fangversuchen beunruhigt werden, fliegen entkommene Vögel dem Licht entgegen. Das Glas bemerken sie in ihrer Aufregung nicht und gerade die Unzertrennlichen fliegen mit einer derartigen Heftigkeit gegen die Scheiben, daß sie sich meist eine Gehirnerschütterung zuziehen und in ganz schlimmen Fällen gleich tot zu Boden fallen. Sie sehen also, die kleine Mühe des Vorhängezuziehens lohnt sich (→ auch Gefahren beim Freiflug, Seite 35).

Es wäre unklug, auf einen in der Wohnung entkommenen Vogel eine Verfolgungsjagd zu starten. Stellen Sie ihm lieber etwas Futter und einen Wassernapf auf einen Schrank. Abends merken Sie sich seinen Schlafplatz und pflücken ihn einfach bei abgeschaltetem Licht herunter.

Ist es aus irgendwelchen Gründen nicht möglich, den Flüchtling bis zum Abend im Raum fliegen zu lassen, braucht man zum Einfangen ein leichtes Netz mit einem entsprechend langen Stiel; sie bekommen es in Ihrer Zoofachhandlung. Ohne ein solches Hilfsmittel würden sie erst nach langer Hetzjagd den dann total erschöpften Vogel erwischen können. Dies ist weder gesund, noch fördert es die Zutraulichkeit des Tieres.

Im Ergreifen und Festhalten von Papageien werden Sie wahrscheinlich kaum geübt sein. Nachdem Unzertrennliche mit ihren Schnäbeln die Haut an menschlichen Fingern ohne Schwierigkeiten durchbeißen können, empfehle ich Ihnen das Anlegen eines Lederhandschuhs.

Halten Sie einen Vogel niemals am Schwanz fest! Sie hätten sogleich ein Büschel Federn in der Hand und müßten einige Wochen warten, bis die Pracht wieder nachgewachsen ist. Der Vogel selbst wäre natürlich darüber auch nicht ganz glücklich.

Drehen Sie einen Vogel in Ihrer Hand nie auf den Rücken! Er könnte einen Schock erleiden und bliebe minutenlang wie gelähmt auf dem Rücken liegen.

Freiflug in der Wohnung

Leben Unzertrennliche in einem Käfig, der nicht so groß ist, daß sie darin fliegen können, brauchen sie täglichen Freiflug im Zimmer, um ihre Flügel wenigstens etwas bewegen zu können. Selbst wenn die Tiere noch so zahm sind, müssen Sie dabei die Fenster geschlossen halten! Mit voller Absicht betone ich das nochmals, denn immer wieder berichten mir sorglose Vogelhalter voll Stolz, daß »ihr« Vogel niemals wegfliegen würde, daher erübrige sich ein Schließen der Fenster. Es stimmt zwar, daß an einen bestimmten Raum gewöhnte Vögel lange Zeit ihre bekannten Bahnen fliegen und stets dieselben Ruheplätze aufsuchen, doch eines Tages werden sie ganz gewiß das offene Fenster entdecken. Sind sie einmal draußen, fliegen sie in der ihnen fremden Umgebung im ersten Schreck meist so weit weg, daß sie ihr Besitzer nie mehr wiedersieht.

Erst wenn sie sich eingewöhnt haben, vom Käfig aus die neue Gegend erkunden konnten und sich auch vor den Menschen nicht mehr fürchten, dürfen Sie Ihren Vögeln die Gelegenheit zu den muskelstärkenden Flugrunden in der Wohnung geben. Vergessen Sie aber bitte nicht, vorher ein paar Sitzäste möglichst hoch im Raum anzubringen. Die Unzertrennlichen sitzen darauf lieber als auf Lampen, Vorhangstangen oder Bilderrahmen, die dann auch meist von ihren Schnäbeln verschont bleiben. Ein unter dem jeweiligen Sitzast befestigtes umrandetes und mit einer dünnen Sandschicht versehenes Brettchen fängt Kot und abgenagte Späne auf (→ Zeichnung).

Den ersten Versuch machen Sie wenn möglich am Wochenende, denn Sie müssen die Tiere ja bei ihren ersten Ausflügen etwas beaufsichtigen. Man öffnet also das Käfigtürchen und setzt sich erwartungsvoll hin und wird wahrscheinlich enttäuscht sein.

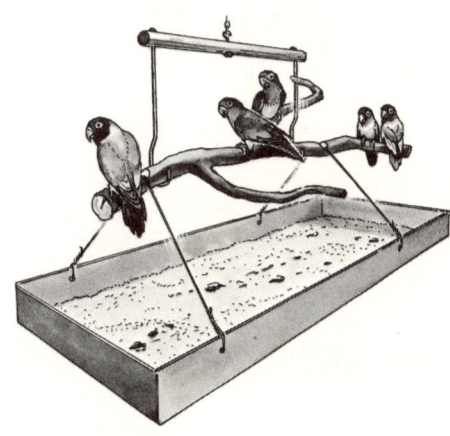

Auf einem möglichst hoch im Raum angebrachten Ast (mit einer Schale als Schmutzfänger) sitzen die Unzertrennlichen lieber als auf Lampen oder Bilderrahmen.

Normalerweise werden nämlich die an ihren Käfig gewöhnten Tiere ihr Heim, in dem sie sich sicher fühlen und wo sie sich auskennen, nicht so schnell verlassen. Es wäre nichts falscher, als die Tiere ungeduldig aus ihrem Käfig zu jagen. Sie müssen es halt am nächsten Tag aufs Neue versuchen. Die Tiere sollen von selbst ohne jede Beunruhigung den für sie neuen Bewegungsraum erforschen.

Gefahren beim Freiflug

Wenn Ihre kleinen Papageien in der Wohnung herumkurven und ihre Kletterkünste zeigen, dürfen Sie sie zumindest bei ihren

Agaporniden sind geschickte und schnelle Flieger. ▷
Oben: Erdbeerköpfchen; unten: Rußköpfchen.
Zu den Fotos Seite 38: Farbspielarten des Rosenköpf-
chens. Oben: rotgefleckte und gelbe Mutation; unten:
blaue und weiße Mutation.

ersten Ausflügen kaum aus den Augen lassen. Erstens mögen wohl auch Sie keine an-
geknabberten Möbel, Lichtleitungen oder
Tapeten, und zweitens gibt es in unseren
Wohnungen für die kleinen Flieger eine
Menge Gefahren.
Bevor es zum »Eröffnungsflug« kommt,
dichten Sie alle Hohlräume zwischen Wand
und Schränken oder Einbauten ab. So mancher Heimtierfreund mußte schon seine
mehrere Meter lange Wohnwand zerlegen,
weil dahinter hilflos sein bepelzter oder be-
fiederter Liebling steckte. Viele Stubenvögel
sind in großen Vasen gelandet und haben
dort unentdeckt ein qualvolles Ende genommen. Gleiches ist auch schon in Schränken
oder in irgendwelchen Schubladen passiert.

Beim Freiflug lauern besonders in der Küche viele Gefahren. Durch heiße Herdplatten kann es zu schweren
Verbrennungen kommen.

Vögel mit etwas zu lang gewordenen Krallen
können an Vorhängen oder Decken hängen-
bleiben. Bei ihren Befreiungsversuchen bleiben Verletzungen an den Beinen meist nicht
aus.
Aus der Küche halten Sie Ihre Vögel von
Anfang an fern. Heiße Herdplatten und

Reinigungsmittel sind zu gefährlich. Sie haben genug damit zu tun, sie vor eventuellen
Gefahren in den anderen Wohnräumen zu
bewahren. So können die Farben von Wän-
den oder Bilderrahmen Giftstoffe enthalten.
Sogar von den Zimmerpflanzen sind nicht
wenige giftig. Welche von ihnen allerdings
für kleine Papageien gefährlich werden können, weiß man im einzelnen nicht genau.
Der Vogelpfleger soll aber auf jeden Fall
vorsichtig sein, denn Grünpflanzen üben ja
auf Unzertrennliche – wie auf alle anderen
Papageien – eine große Anziehungskraft
aus.
Nicht zu unterschätzen sind die Gefahren,
die den Tieren von den Menschen drohen,
mit denen sie zusammenleben, vor allem
dann, wenn sich eine Familie noch nicht
ganz an die Anwesenheit der freifliegenden
Vögel gewöhnt hat. Zu dick und zu schwer
gewordene Vögel landen oft auf dem Fußbo-
den und spazieren dort herum. Schauen Sie
daher bei jedem Schritt auf den Boden und
gewöhnen Sie sich am besten schleifende
Schritte an. Zufallende oder sorglos geschlossene Türen haben schon so manchen
Vogeltod verursacht. An diese Vorsichtsmaß-
nahmen müssen sich alle Familienmitglieder
gewöhnen.
Vielleicht mag Ihnen das alles selbstverständlich vorkommen, doch gerade Selbst-
verständlichkeiten finden oft zu wenig Beachtung. Unter anderem beweisen dies jene
vielen Heimtiere, die durch grobe Unacht-
samkeit ihrer Besitzer frühzeitig sterben
mußten.

Wenn Unzertrennliche krank werden

Solange Sie die Grundregeln einer artgemä-ßen Vogelhaltung befolgen, werden Sie kaum Probleme mit ernsthaften Erkrankungen haben. Am ehesten sind Erkältungen und Verdauungsstörungen möglich, bei Volierenvögeln aber auch Infektionen durch freilebende Tiere. Jedenfalls sollten Sie das Wesentliche über die wichtigsten Krankheiten wissen, um einem erkrankten Vogel schnell und wirksam helfen zu können. In leichten Erkrankungsfällen werden die angegebenen »Hausmittel« rasch Hilfe bringen, meist wird sich aber der Besuch bei einem Tierarzt nicht vermeiden lassen. Gleich zu Beginn Ihrer Laufbahn als Vogelhalter sollten Sie versuchen, einen Tierarzt ausfindig zu machen, der sich mit Vogelkrankheiten befaßt. Hinweise dazu werden Sie von Vogelzüchtern, Vogelpflegevereinen oder von Ihrem Zoofachhändler bekommen.

Krankenkäfig und Vogelapotheke

Leider kann man nicht jede Vogelkrankheit an deutlich sichtbaren Anzeichen erkennen. Alarmzeichen, über die Sie nicht hinwegsehen dürfen, sind in jedem Fall aufgeplustertes Gefieder, übermäßiges Schlafbedürfnis und Sitzen auf beiden Beinen. Bemerken Sie eine Änderung im Verhalten oder Aussehen, sollten Sie den Vogel möglichst bald von seinen Artgenossen isolieren und in einem kleinen Krankenkäfig unterbringen. So können Sie ihn einerseits besser beobachten und behandeln, andererseits hat er Ruhe vor seinen lebhaften Artgenossen. Bei einem großen Vogelbestand verhindern Sie vielleicht auch rechtzeitig die Verbreitung einer ansteckenden Krankheit.

Als Krankenkäfige eignen sich kleinere Kistenkäfige oder spezielle Krankenboxen, die Sie im Zoofachhandel kaufen können. Verwenden Sie einen rundum vergitterten Käfig, verhängen Sie drei Seiten mit Tüchern, der Vogel hat so mehr Ruhe. Neben Ruhe – und der eventuellen medikamentösen Behandlung – hilft bei vielen Erkrankungen vor allem Wärme (→ Seite 45). Deshalb empfehle ich Ihnen die Anschaffung einer Infrarotlampe. Bei der Anwendung müssen Sie nur folgendes beachten: Richten Sie die Lampe nur auf eine Seite des Käfigs, damit der Vogel in die kühlere Hälfte ausweichen kann, falls es ihm zu warm ist. Hängen Sie außerdem – für den Vogel unerreichbar! – ein Thermometer an den Käfig, um jederzeit die Temperatur, die unter der Lampe herrscht, kontrollieren zu können.

Neben Infrarotlampe und Krankenkäfig sollten Sie auch immer einige Mittel zur »Ersten Hilfe« griffbereit haben. In eine Vogelapotheke gehören: Tierkohle, Stärkungsfutter, Kamillentee, Wattestäbchen, Pipetten, ein vom Tierarzt empfohlenes wasserlösliches Antibiotikum, eine Augensalbe, Wundsalbe, Wundpuder, ein blutstillendes Mittel, Borwasser und Paraffinöl.

Die Mauser

Der normale Gefiederwechsel, die Mauser, ist ein ganz natürlicher Vorgang und hat mit Krankheiten nichts zu tun. Da jedoch jeder Vogel durch die Neubildung seiner Federn belastet ist und sich ruhig verhält – sogar seine Körpertemperatur ist leicht erhöht –, schließen manche Vogelbesitzer auf eine Krankheit. Dies ist auch der Grund, warum die Mauser in diesem Abschnitt behandelt wird.

Die ständige Abnützung des Gefieders erfordert eine regelmäßige Erneuerung. Im Laufe eines Jahres werden Spitzen abgestoßen, Federn geknickt oder gar abgebrochen. Kurz und gut, die Federn könnten ihre Funktion als Schutz für den Körper und als Flugorgan nach einer gewissen Zeit nicht mehr voll erfüllen.

Bei der täglichen Gefiederpflege wird jede Feder durch den Schnabel gezogen und sorgfältig mit der Zunge bearbeitet. Abgenutzte Federn werden entfernt.

Sind die jungen Unzertrennlichen drei bis vier Monate alt, gibt es den ersten Gefiederwechsel. Nach dieser Jugendvollmauser ändert sich die Färbung von den blassen Tönen des Jugendgefieders zu den intensiven Farben der erwachsenen Vögel. Von nun an wiederholt sich die Mauser jedes Jahr.

Sie müssen nun einiges dazu beitragen, damit Ihre Unzertrennlichen die Mauserzeit gut überstehen und die neuen Federn makellos nachwachsen. Die Vögel brauchen jetzt hochwertiges Eiweiß, zusätzliche Vitamingaben, wobei die Vitamine A und D besonders wichtig sind, und eine gute Mineralstoffmischung. Die im Zoofachhandel erhältlichen Mauserhilfen leisten hier ebenfalls gute Dienste. Kurz gesagt, die Tiere müssen noch sorgfältiger als sonst versorgt werden. Wichtig sind aber auch eine tägliche

Bademöglichkeit oder das Besprühen der Tiere mit zimmerwarmem Wasser und eine erhöhte Luftfeuchtigkeit. Am schönsten werden jedoch die neuen Federn, wenn die Vögel in einer Freivoliere untergebracht sind (→ Seite 15). Haltungsfehler in dieser so wichtigen Periode greifen die ohnedies etwas geschwächte Widerstandskraft der kleinen Papageien noch mehr an und führen unweigerlich zu Mauserschwierigkeiten. So können entweder verkümmerte Federn nachwachsen oder es kommt überhaupt zu keiner ausreichenden Federneubildung. Manchmal dauert die Mauser bedeutend länger als die im Normalfall üblichen zwei Monate.

Krankheiten und ihre Behandlung

Federrupfen

Glücklicherweise ist diese vor allem bei Graupapageien und Aras relativ oft zu beobachtende »Unart« bei Unzertrennlichen eher selten. Manche Elterntiere rupfen ihre Kinder im Nest (→ Seite 53), auch der Ehepartner kann auf diese Weise mißhandelt werden. Selten sind jene Unzertrennlichen, die ihre eigenen Federn abbeißen, wobei die Stummel in der Haut steckenbleiben; oder die einzelne Federn aus der Haut ziehen und an ihnen herumknabbern. Hat man das Pech, einen solchen »Rupfer« zu besitzen, ist manchmal guter Rat teuer, denn von den im Handel angebotenen Mitteln hilft kaum eines auf Dauer. Trotzdem sind Vogelhalter als Verantwortliche für ein gesundes Tierleben verpflichtet, alle Behandlungsmöglichkeiten durchzuprobieren.

Prüfen Sie zuerst die Haltungsbedingungen. Entsprechen Temperatur, Luftfeuchtigkeit

Wenn Unzertrennliche krank werden

und Lichtverhältnisse den Bedürfnissen der Vögel? Ist das Futter genügend reich an Mineralstoffen, Vitaminen und Eiweiß? Kann der Vogel baden?

Und die Hauptfrage: Ist er ausreichend beschäftigt? Wenn die Umgebung zu wenig Sinneseindrücke liefert – wenn also nichts los ist –, ein Partner fehlt oder anderseits bei zu engem Zusammenleben in der Gemeinschaft der soziale Druck zu hoch ist (manche Vogelhalter setzen aus Freude am bunten Gewimmel zuviele Tiere in einen Käfig), kann dies zum Federrupfen führen. Streßsituationen jeder Art und Langeweile dürften die vorwiegenden Ursachen sein.

Sie müssen also für eine Verbesserung der Haltungsbedingungen und für ausreichende Beschäftigung der Tiere sorgen. Wenn man Glück hat, genügt ein Bündel frischer Zweige, um einen Agaporniden von seinen eigenen Federn abzulenken. Zeigen Sie einen »Rupfer« jedenfalls auch Ihrem Tierarzt. Er kann feststellen, ob Parasiten, Hauterkrankungen oder andere Juckreiz verursachende Krankheiten (z. B. Nierenschäden) vorliegen.

Schlechter Gefiederzustand hängt möglicherweise auch mit einem Mangel an gewissen Spurenelementen zusammen. Bei einem englischen Züchter erhielten stark gefiedergeschädigte Kakadus etwas Meersalz zum Trinkwasser (1,25 g pro Liter), worauf das Federkleid innerhalb von einigen Monaten tadellos wurde.

Das Gefieder Ihrer Vögel signalisiert, ob es gelungen ist, alle ihre Bedürfnisse – Klima, Ernährung und psychisches Wohlbefinden – zu erfüllen.

Auswachsen von Krallen und Schnabel

Sind die Sitzstangen so dünn, daß die Krallen die Stange ganz umfassen und ihre Oberfläche gar nicht berühren, führt das wegen der fehlenden Abnützung bei den meisten Vögeln zu übermäßigem Krallenwachstum. Auch bei Unzertrennlichen kann es dazu kommen, wenngleich weniger oft als etwa bei Wellensittichen. Das Zurechtstutzen mit einer kleinen scharfen Zange ist aber kein Problem.

So hält man einen Vogel beim Krallenschneiden: Damit er nicht beißen kann, werden Kopf und Schnabel mit Daumen und Zeigefinger fixiert.

Gehen Sie mit dem Vogel in Ihrer Hand zum Fenster – zur Vermeidung eines Schocks drehen Sie ihn nicht auf den Rücken. Im hellen Tageslicht läßt sich der Verlauf des Blutgefäßes in der Kralle gut erkennen. Der Schnitt ist so zu führen, wie es auf der Zeichnung angegeben ist. Einen Sicherheitsabstand zum Blutgefäß von etwa zwei Millimeter nicht vergessen!

Trotz aller Vorsicht können jedoch Blutungen auftreten, besonders beim Schneiden der Kralle der kurzen hinteren Zehe, da hier die Blutgefäße bis zur Krallenspitze reichen. Halten Sie daher auf jeden Fall ein blutstillendes Mittel bereit. Daß die Krallenenden spitz sind, ist noch lange kein Grund, sie abzuzwicken. Entscheidend ist die Länge. Schauen Sie sich daher zum Vergleich die Vögel in einer Zoofachhandlung genau an, hier gibt es kaum Tiere mit zu langen Krallen.

Krallen schneiden: links falsch, rechts richtig gemacht. Passen Sie auf, daß Sie nicht in den durchbluteten Teil der Kralle hineinschneiden.

Ein Unzertrennlicher mit zu langem Schnabel ist mir bis jetzt noch nicht untergekommen. Nach einer Verletzung kann es aber zu abnormalem Wachstum von Unter- oder Oberschnabel kommen. Eine notwendige Korrektur überlassen Sie aber lieber dem Tierarzt.

Verletzungen und Knochenbrüche

Bei Papageien heilen Verletzungen meist rasch und komplikationslos. Eine Wundversorgung mit einem antibakteriellen Streupuder kann aber trotzdem nicht schaden. Verursacht wirklich einmal irgendein Unglücksfall eine größere Wunde, muß diese natürlich vom Tierarzt genäht werden.
Beinbrüche sind selten, am ehesten kann einmal ein Unterschenkel davon betroffen sein. Eigentlich müßten bei Vögeln dieser Größe Beinbrüche geschient werden, und ein gebrochener Unterschenkel wäre mittels Klebeband am Körper zu fixieren. Jedoch ist eine derartige Behandlung bei diesen leb-

haften kleinen Papageien, die jede Veränderung und jeden Fremdkörper sofort genau untersuchen, eine recht schwierige Angelegenheit. Versuchen sollte man es trotzdem, wobei die Hilfe eines Tierarztes nötig sein wird, denn das Anlegen eines Verbandes bei einem Kleinvogel erfordert einige Geschicklichkeit und viel Übung.
Ob nun der Vogel den Verband gleich wieder flink entfernt oder ob er ihn beläßt, das Tier muß unbedingt an einem störungsfreien Platz untergebracht werden, zumindest auf einem Schrank über menschlicher Kopfhöhe. Überstürztes Fluchtverhalten, eine bei Unzertrennlichen verbreitete Eigenschaft, hätte eine Verschlimmerung der Bruchstelle zur Folge.

Erfrierungen

Von Erfrierungen sind meistens solche Volierenvögel betroffen, deren Besitzer auf wenig tierfreundliche Weise ihre Fähigkeit im Ertragen von Minusgraden erproben. Nach Störungen aufgeflogene Agaporniden bleiben oft längere Zeit am Gehegegitter hängen, so daß bei Frost vom Metall die Wärme ziemlich schnell aus den Zehen abgeleitet wird. Die so entstandenen Erfrierungen können mit durchblutungsfördernden Frostsalben behandelt werden, doch häufig ist ein Verlust der betroffenen Zehen nicht zu verhindern.

Zu enge Fußringe

Erweist sich ein Fußring als zu eng, kann es wegen der gestörten Durchblutung zum Absterben von Zehen oder des ganzen Fußes kommen. Versuchen Sie aber bitte nicht, einen geschlossenen Fußring selbst mit einer Schere oder Zange zu entfernen. Der Ring würde sich dabei verformen und den Lauf des Vogels quetschen. Diese Ringe läßt man am besten (rechtzeitig) in einer Tierklinik oder beim Tierarzt mit einem entsprechenden Schleifgerät entfernen. Denken Sie daran, daß der Ring ein amtliches Dokument darstellt, und bewahren Sie die entfernten Teile auf.

Außenparasiten

Für Unzertrennliche besonders gefährlich ist die *Rote Vogelmilbe*. Sie beunruhigt die Tiere, schwächt sie durch den Blutentzug und kann Krankheiten übertragen. Für gewöhnlich sind nur schlafende Vögel bei Nacht davon betroffen, denn bei Helligkeit ziehen sich diese Milben in Ritzen und Spalten zurück. Im Agapornidenkäfig finden sie jedoch sehr bald zum Nistkasten und gefährden dort auch bei Tag die darin ruhenden oder brütenden Papageien und am meisten die Nestlinge.

Fällt Ihnen auf, daß sich Ihre Vögel öfter als sonst kratzen und putzen, kann dies ein Hinweis auf Milbenbefall sein. Untersuchen Sie zuerst den Nistkasten, vor allem jene Stellen, wo die Bretter zusammengefügt sind, dann nehmen Sie die Sitzäste aus dem Käfig und schauen sich die Enden genau an. Wo Sitzstangen am Gitter festgeklemmt sind, gibt es ganz feine Spalten, die zu den Lieblingsplätzen der Roten Vogelmilben gehören.

Haben Sie noch irgendwelche Zweifel, breiten Sie abends ein helles Tuch über den Käfig. Bei Milbenbefall sitzt ein Teil der Parasiten am nächsten Morgen an der Unterseite des Tuches. Sie sind dunkel rotbraun, kugelrund und 0,2 bis 0,5 mm groß.

Befallene Käfige müssen Sie gründlich reinigen, alle gefährdeten Stellen – in erster Linie Ritzen und Spalten – werden mit einem

im Zoofachhandel erhältlichen Milbenspray behandelt. Da die Milbeneier sehr widerstandsfähig sind, muß man nach etwa zwei Wochen möglicherweise nochmals zur Spraydose greifen.

Keinesfalls dürfen die Vögel selbst besprüht werden!

Je wärmer es ist, desto rascher entwickeln sich die Milben, so daß es speziell im Sommer innerhalb ganz kurzer Zeit zu einer richtigen Invasion kommen kann. Frost macht der Roten Vogelmilbe recht wenig aus, und einige Monate ohne jede Nahrungsaufnahme überstehen sie ebenfalls. Volierenbesitzer sollten über diese Überlebenskunst dieser leider ziemlich verbreiteten Vogelparasiten Bescheid wissen. Nach dem Winter sind die Volieren im Garten genau zu kontrollieren. Entdecken Sie dabei Milben, müssen sie noch vor dem Einsetzen der Vögel bekämpft werden.

Es gibt noch einige andere Außenparasiten, die aber zum Glück nur selten in Erscheinung treten und außerdem gar nicht so leicht bestimmt werden können. Nur die relativ harmlosen *Federlinge* werden dem Vogelpfleger sicher einmal auffallen. Sie leben von Hautschuppen und Federteilchen und beunruhigen bei übermäßigem Auftreten die Wirtsvögel. Zu einem Überhandnehmen kommt es vielfach dann, wenn der befallene Vogel wegen einer Verletzung oder Anomalie des Schnabels sich nicht selbst von diesen Plagegeistern befreien kann.

Eine notwendige Behandlung muß hier am Vogel selbst erfolgen. Man staubt ihn mit Alugan-Puder oder einem anderen für Vögel verträglichen Mittel ein, wobei die Kopfregion abzuschirmen ist. In die Augen, in den Schnabel oder in die Nasenlöcher darf nichts von dem Puder gelangen.

Wenn Unzertrennliche krank werden

Innenparasiten

In Gartenvolieren lebende Unzertrennliche können durch den Kot freilebender Vögel mit Würmern infiziert werden. Am häufigsten ist ein Befall mit *Spulwürmern*. Diese Würmer brauchen keinen Zwischenwirt und die Eier bleiben über sehr lange Zeit entwicklungsfähig. Am besten halten sie sich in feuchtwarmer Umgebung. Somit ist der feuchte Boden neben Wasserschalen im Sommer für diese Parasiten geradezu ideal. Typische Krankheitsanzeichen gibt es anfangs keine, so daß jeder Volierenbesitzer wenigstens einmal jährlich den Kot seiner Vögel auf Wurmbefall untersuchen lassen sollte. Wenn schon starke Verdauungsstörungen auftreten und der befallene Vogel bereits geschwächt ist, kommt eine Behandlung fast immer zu spät.

Ein Befall mit *Haarwürmern*, die ebenfalls keinen Zwischenwirt brauchen, ist auch möglich. *Bandwürmer* sind manchmal bei importierten Vögeln nachzuweisen. Sie brauchen aber einen Zwischenwirt und so besteht nach einer erfolgreichen Bekämpfung nicht mehr die Gefahr einer Neuinfektion. Zu den Innenparasiten gehören auch die zu den Sporentierchen zählenden einzelligen *Coccidien*. Bei starkem Befall zerstören sie die Darmschleimhaut, haben jedoch bei sauber gehaltenen Tieren keine Chance, sich gefährlich auszubreiten.

Ein Nachweis von Eingeweideparasiten ist nur durch eine Untersuchung einer Kotprobe möglich. Man sendet etwa 0,5 ccm frischen Kotes in einem kleinen Kunststoffbehälter an das Parasitologische Institut einer Tierärztlichen Hochschule und ersucht in einem kurzen Begleitschreiben um die Durchführung einer parasitologischen Untersuchung.

Da selbst bei Wurmbefall nicht immer Eier ausgeschieden werden, sammelt man entweder Kot an zwei aufeinanderfolgenden Tagen, oder man läßt nach ein paar Wochen nochmals eine Untersuchung durchführen. Zur Behandlung von Wurminfektionen und Coccidiose gibt es heute wirksame Präparate, die von den Vögeln gut vertragen werden. Sobald Sie den Befund vom untersuchenden Institut erhalten haben, gehen Sie damit zu Ihrem Tierarzt, der Ihnen eine Therapie empfehlen wird.

Wird ein starker Befall festgestellt, bleibt nichts anderes übrig, als den Volierenboden – sofern er aus Erde oder Sand besteht – etwa 15 cm abzugraben und neuen Bodengrund aufzuschütten. Ohne diese aufwendige Prozedur besteht die Gefahr einer ständigen Neuinfektion.

Für gewöhnlich werden die üblichen Hygienemaßnahmen (→ Seite 32) ausreichen, um Ihre Tiere von Eingeweideschmarotzern freizuhalten.

Darmerkrankungen

Darmentzündungen gehören zu den häufigsten gesundheitlichen Störungen. Durch Wurmbefall und bakterielle Infektionen, schlechtes Futter, Nahrungsumstellung, Erkältung oder die Aufnahme giftiger Stoffe kann es dazu kommen. Neben den allgemeinen Krankheitserscheinungen (das Gefieder ist stark geplustert, die erkrankten Tiere sitzen mehr oder minder teilnahmslos auf der Sitzstange oder – bei fortgeschrittenem Krankheitsverlauf – auf dem Boden) kommt es zu Durchfall, starkem Durst und vermindertem Appetit. Als Getränk eignet sich Kamillentee; zur leicht verdaulichen und doch kräftigenden Krankenkost gehören Haferflocken, gekochter Reis, Biskuit, Kolben-

hirse und Aufzuchtfutter. Gleichmäßig hohe Wärme von etwa 32° C führt oft zu einer raschen Besserung. Mit einer Infrarotlampe können Sie einem an einer Erkrankung des Verdauungstraktes leidenden Vogel am wirkungsvollsten helfen (→ Seite 39).
Bringen Diät und Bestrahlung nicht den erhofften Erfolg, wird Ihr Tierarzt die Behandlung mit einem Antibiotikum einleiten.

Wenn Ihr Vogel so wie hier aufgeplustert auf dem Käfigboden sitzt und die Augen geschlossen hält, dann sind das akute Krankheitsanzeichen.

Erkrankungen der Atmungsorgane
Erkältungen erkennt man an Niesen, Nasenausfluß und oft an den gleichzeitig auftretenden Augenentzündungen. In leichten Fällen wird eine Infrarotlampe oder eine andere wärmende Lampe zu einer raschen Besserung führen, oft wird aber die Behandlung mit Antibiotika nötig sein. Die entzündeten Augen sind mit einer antibiotischen Augensalbe zu behandeln. Sollte ein erkrankter

Vogel mit offenem Schnabel ganz schwer atmen, liegt eine Lungen- oder eine Luftsackentzündung vor, die schnellstens vom Tierarzt behandelt werden muß.

Legenot
An Legenot leidende Weibchen erscheinen sterbenskrank. Stark aufgeplustert und geschwächt, mit gerötetem und aufgeschwollenem Hinterleib sitzen diese Tiere auf dem Boden. Wenn da nicht rasch geholfen werden kann, sind die Überlebenschancen nicht sehr groß. Manchmal genügt das Einführen eines Tropfens erwärmten Paraffinöls in die Kloake. Kommt es nicht bald darauf zur Eiablage, setzt man den Vogel unter eine Infrarotlampe (Sie sehen jetzt, wie wichtig ein solches Gerät für den Vogelhalter ist) oder auf eine erwärmte Unterlage bei etwa 32° C. Am besten ist es aber, durch vielseitige Fütterung, durch Vitamingaben und durch Verfüttern gekeimter Sämereien einer Legenot vorzubeugen. Gefährdet sind aber nicht nur unzureichend ernährte Tiere, sondern sehr oft junge Weibchen und solche, die bei zu kühlem Wetter in Brutstimmung kommen.

Papageienkrankheit (Psittakose)
Durch wirksame medikamentöse Behandlungsmethoden hat diese einst gefürchtete Krankheit weitgehend ihren Schrecken verloren. Sie ist übrigens nicht allein auf Papageien beschränkt, sondern kommt bei Sperlingsvögeln, Tauben oder Nutzgeflügel ebenso vor. Man verwendet daher als Überbegriff die Bezeichnung Ornithose (Vogelkrankheit) und spricht von Papageienkrankheit nur dann, wenn entweder ein Papagei daran erkrankt ist oder ein Mensch durch einen Papagei infiziert worden ist. Die Infektionsgefahr durch Unzertrennliche ist glück-

Frische Maiskolben sind für viele Papageien ein Lecker- ▷
bissen. Hier ein Pfirsichköpfchen bei der Mahlzeit.
Zu den Fotos Seite 48:
Agaporniden in ihrem natürlichen Lebensraum in Afrika.
Oben: Schwarzköpfchen bei der Tränke;
unten: Erdbeerköpfchen am Eingang ihrer Nisthöhle.

licherweise sehr gering, durch hier gezüchtete Tiere besteht so gut wie keine Gefahr.

Bei erkrankten Vögeln zeigen sich Schnupfen, Atembeschwerden, aufgeplustertes Gefieder, Schüttelfrost und schleimig grüner Durchfall. Eine eindeutige Diagnose läßt sich aber durch diese Symptome allein nicht erstellen, sie ist nur durch eine serologische oder Kotuntersuchung an einem veterinärmedizinischen Institut möglich.

Meist wird der Erreger über den Kot ausgeschieden und nach dessen Eintrocknen in Staubform weiter übertragen. Auch Tröpfcheninfektionen durch Nasensekret kommen vor. Am sichersten schützt man sich vor dieser Krankheit durch Sauberkeit und auch dadurch, daß man zu innigen Kontakt mit den Vögeln vermeidet (dazu zählt zum Beispiel das beliebte »Küßchengeben« oder vom Mund Füttern). Beim Menschen werden leichtere Infektionen oft gar nicht bemerkt. Erst bei späteren Blutuntersuchungen werden Antikörper als Beweis für eine überstandene Psittakose-Infektion nachgewiesen. Es kann aber auch zu einer schweren Erkrankung mit hohem Fieber kommen.

Machen Sie als Papageienbesitzer bei einer Infektion der Atmungsorgane oder bei grippeähnlichen Krankheitssymptomen den behandelnden Arzt auf die Möglichkeit einer Ornithoseinfektion aufmerksam. Der wichtige Grund dafür: Die Erkrankung kann für eine Lungenentzündung gehalten werden. Sie wird dann mit Penicillin, das gegen die Ornithoseerreger unwirksam ist, behandelt. Übrigens gehört die Psittakose zu den meldepflichtigen Krankheiten.

Wie beugt man Erkrankungen vor?

● Achten Sie beim Kauf, wie bereits genau beschrieben (→ Seite 12) darauf, nur gesunde Tiere zu erwerben.

● Beobachten Sie neu erworbene Tiere besonders genau und setzen sie diese nicht gleich zu anderen Vögeln.

● Sorgen Sie immer für eine gute Betreuung und vor allem für eine den natürlichen Bedürfnissen der Unzertrennlichen entsprechende Ernährung.

● Kontrollieren Sie täglich jedes Ihrer Tiere. Jedes Abweichen vom Normalverhalten ist als erstes Alarmzeichen zu werten. Greift man gleich ein, lassen sich viele Krankheiten erfolgreich behandeln. Läßt man sich Zeit – ein Hauptfehler, den viele Heimtierhalter begehen –, kann es gerade für Kleinvögel, und dazu gehören ja unsere Unzertrennlichen, rasch zu spät werden.

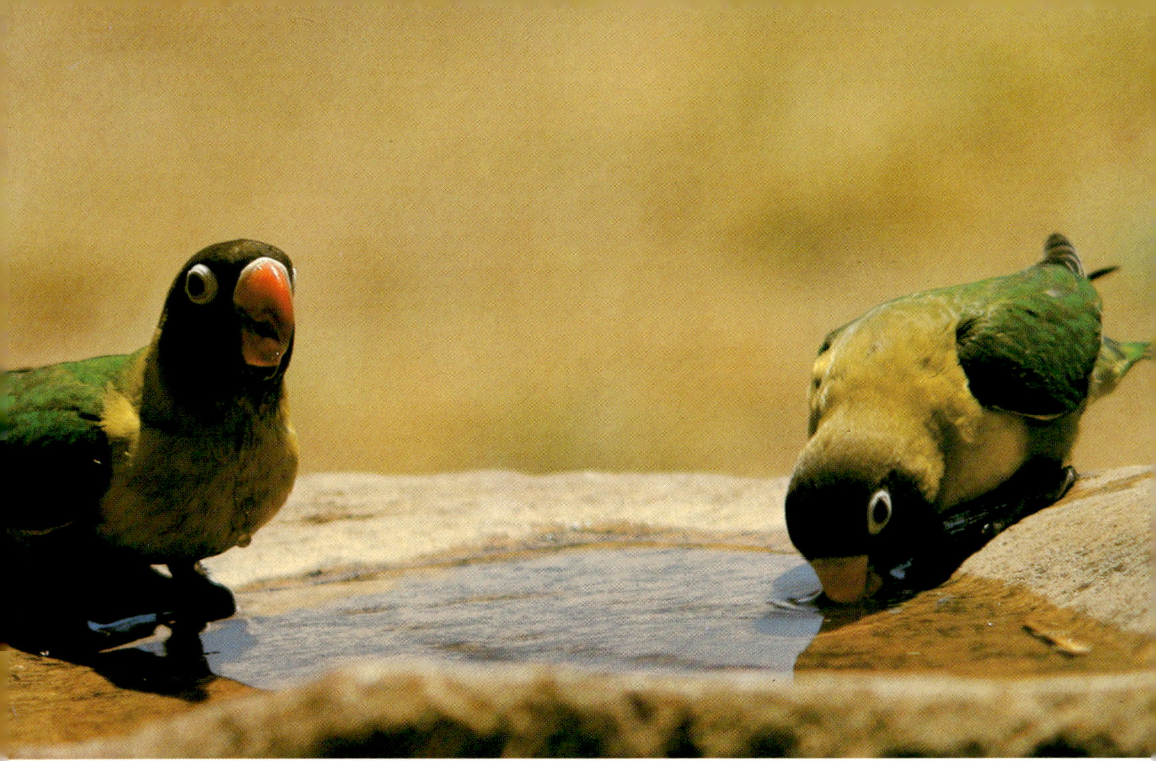

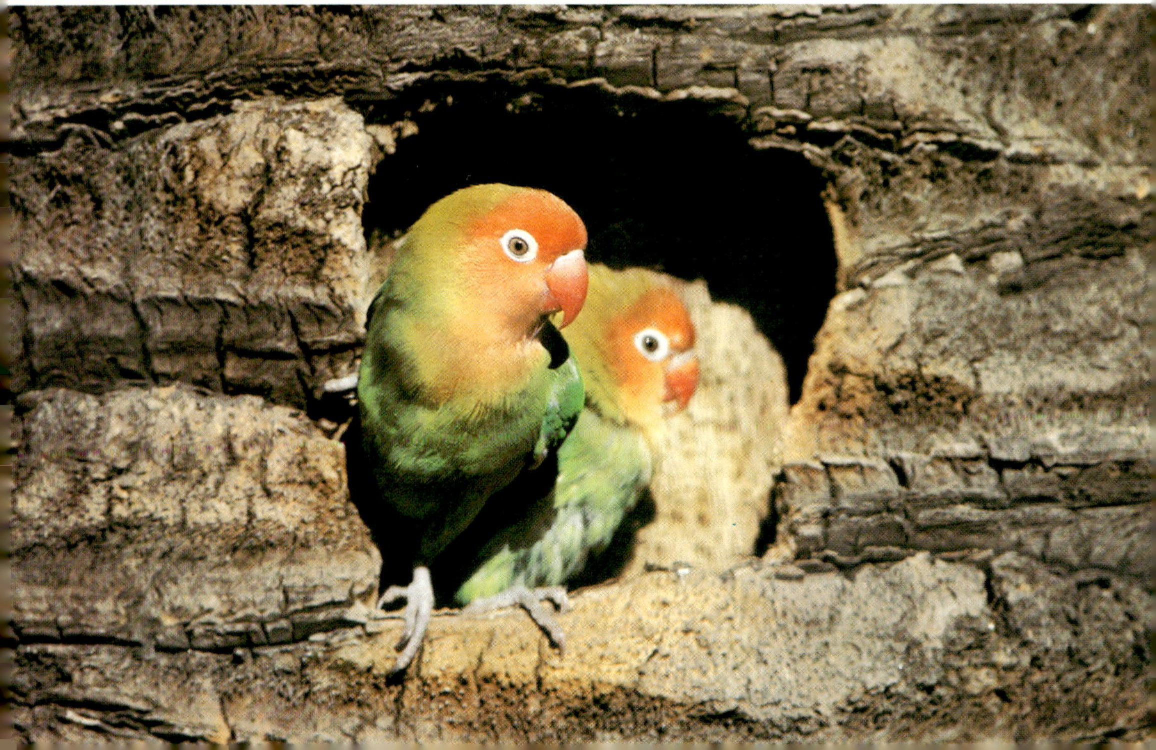

Zucht und Aufzucht

Es gehört zu den Anliegen dieses Buches, Ihnen, liebe Vogelfreunde, zu raten, wie Sie Ihren Vögeln ein möglichst naturgemäßes Leben bieten können. Zu einem natürlichen Leben gehört zweifellos die Fortpflanzung. Vor dem Start einer Vogelzucht sind aber noch ein paar Überlegungen anzustellen. Wenn die Zucht klappt und sich Nachwuchs einstellt, gibt es neben der Mehrarbeit auch die Überlegungen, was später mit den Vogelkindern geschehen soll. Sobald die jungen Unzertrennlichen selbständig geworden sind, ist es nämlich mit dem Frieden zwischen den Generationen vorbei. Die Kinderschar muß herausgefangen und in einem eigenen Käfig untergebracht werden.

Bedenken Sie bitte, daß sich das gleiche Spiel bei jeder geglückten Brut wiederholt. Man wird also früher oder später die Jungen abgeben müssen. (Tadellose gesunde Tiere werden von manchen Zoofachhandlungen gerne genommen.)

Keine Papageienzucht ohne Genehmigung

Sofern Sie in der Bundesrepublik Deutschland wohnen, müssen Sie noch vor Beginn einer Zucht mit Papageienvögeln – auch die Wellensittiche gehören dazu – um eine amtliche Genehmigung ansuchen. Ein Amtstierarzt überprüft dann Ihre Tiere und Ihre Sachkenntnisse. Fortan müssen Sie Anschaffung, Zucht und Abgabe Ihrer Unzertrennlichen in ein Nachweisbuch eintragen. Außerdem müssen die Tiere amtliche Fußringe tragen. Genauere Auskünfte erhalten sie durch Ihren Zoofachhändler, das nächste Veterinäramt oder durch einen Vogelzüchterver-

ein. Zweck dieser Vorschriften ist es, den Bestand an Papageien wegen der möglichen Ausbreitung der Papageienkrankheit unter Kontrolle zu halten.

Wie kommt man zu Zuchttieren?

Das Fortpflanzungsgeschehen bei Tieren wird oft ganz falsch beurteilt. Vor allem wäre es grundfalsch, von unseren in Jahrtausenden domestizierten Haustieren auf Wildtiere zu schließen. Männliche und weibliche Kaninchen, Hunde oder Schweine werden sich fast immer sofort paaren, wenn sie zusammengebracht werden. Bei nicht domestizierten Arten finden die Partner oft erst nach Ablauf eines komplizierten Balzverhaltens zueinander. Auch die gegenseitige Sympathie kann dabei eine wesentliche Rolle spielen. Dies berichten übrigens auch langjährige Pfleger von Bergpapageien (→ Seite 66). Einige Agaporniden-Arten bescheren uns ein zusätzliches Problem: die Geschlechter sind schwer zu bestimmen (→ So erkennen Sie das Geschlecht, Seite 13). Zuchttiere sollen nicht jünger als etwa zehn Monate sein, sie dürfen also von der Frühjahrsbrut des vergangenen Jahres stammen. Sind sie älter als fünf Jahre, kann man sie nicht mehr als die idealen Zuchttiere bezeichnen. (Ist der Vogel mit einem geschlossenen Fußring versehen, können Sie das Alter daran ablesen.)

Am besten ist es, wenn die Tiere selbst entscheiden, mit wem sie sich verpaaren wollen. Schauen Sie also, welche Tiere beim Händler oder Züchter nebeneinander sitzen und sich sichtlich gut verstehen, und trachten Sie, solche zusammengewöhnten Vögel zu bekommen. Das bringt Ihnen mit großer Sicherheit ein harmonisierendes wirkliches Paar, das sich wahrscheinlich auch bei der Zucht gut bewähren wird.

Charakteristische Schwanzsignale können helfen, das Geschlecht der Vögel zu bestimmen (→ Seite 13).

Die notwendigen Vorbereitungen

Bei der Haltung von jeweils nur einem Paar pro Käfig oder Voliere erzielt man die sichersten Zuchterfolge. Der Käfig für ein Zuchtpaar sollte ungefähr 100 × 50 × 70 cm messen, er müßte also größer sein als auf Seite 14 angeführt, denn schließlich hat er doch bei geglückter Zucht ein paar Wochen sechs oder noch mehr Agaporniden zu beherbergen. Bei einigen Arten ist eine Koloniebrut möglich (→ Seite 7). Stirbt allerdings in einer solchen Kolonie ein Tier, erweist sich der überlebende Partner als arger Störenfried.

Aber es gibt auch Ausnahmen. So leben zur Zeit bei mir in einem Käfig von 100 × 50 × 100 cm eineinhalb Paare Schwarzköpfchen friedlich zusammen. Das Weibchen des einen Paares war an Legenot gestorben, der Witwer verhielt sich ganz bescheiden und duldete sogar, daß das andere Paar in seinen Nistkasten einzog. Er selbst wechselte nach gegenüber.

Rosenköpfchen etwa würden zwar nahezu das ganze Jahr brüten, doch ist das Frühjahr zweifellos die beste Zeit, um einen Zuchtversuch zu machen.

Zwei Faktoren sind noch von großer Wichtigkeit: Vermeidung von Störungen und – bei Zimmerhaltung – genügend Luftfeuchtigkeit. Durch eiweißreicheres Futter kann übrigens die Brutbereitschaft etwas gefördert werden.

Nistkasten

Damit die Tiere in Brutstimmung kommen, ist ein geeigneter Nistkasten der wesentliche Auslöser.

Im natürlichen Lebensraum der Unzertrennlichen sind die Bruthöhlen von unterschiedlichster Größe und Form. Es ist daher gar nicht notwendig, daß sie sich zentimetergenau an die genannten Maße halten. Rosenköpfchen, Schwarz- und Pfirsichköpfchen sollten Kästen mit den ungefähren Innenmaßen 20 × 20 × 25 cm oder 25 × 15 × 20 cm bekommen. Der Durchmesser des Einschlupfloches muß mindestens 5 cm betragen, bei Rosenköpfchen sogar etwas mehr. Sie würden nämlich bei einem engen Schlupfloch ihr mühsam ins Gefieder geklemmte Nistmaterial abstreifen. Ist der Kasten noch größer als hier angegeben, schadet dies zumindest bei Pfirsich- und Schwarzköpfchen nicht, denn beide Arten bauen selbst große Hohlräume mit Nistmaterial voll. Eines meiner Schwarzköpfchenpaare baute einmal einen 40 cm langen und 15 cm hohen Raum zwischen einem Wandbrett und der Volierendecke komplett zu und brütete darin. Das Nest hatte zwei Eingänge und eine 8 × 12 cm große Mulde. Nistkästen für

Ruß- und Erdbeerköpfchen können etwas kleiner sein, doch das ebenso große Grauköpfchen zieht oft Nymphensittichkästen kleineren Formaten vor.
Selbstverständlich müssen die Nistkästen nicht unbedingt aus Brettern gezimmert sein. Sie können auch Naturhöhlen von entsprechendem Innendurchmesser aufhängen.

Die Nester der Schwarzköpfchen und Pfirsichköpfchen sind immer zweiteilig. Der Längsschnitt zeigt, daß sich in der Höhe des Einschlupfloches eine Vorkammer befindet.

Bei mir haben sich auch Starenkästen aus Holzbeton bei der Agapornidenzucht bewährt. Hat man nur einen Käfig für sein Zuchtpaar zur Verfügung, ist der Nistkasten aus Platzgründen außen vor ein Türchen zu hängen. In Zimmer- oder Gartenvolieren wird er in für den Vogelhalter erreichbarer Höhe an die Wand gehängt. Leben mehrere Paare in einem Gehege zusammen, sind alle Kästen in der gleichen Höhe anzubringen. Außerdem ist ein Überangebot zu empfehlen – manche Züchter montieren pro Paar zwei Kästen –, damit es bei der Nistplatzwahl keine großen Auseinandersetzungen gibt und die Tiere ausweichen können.

Nistmaterial
Nun ist es wichtig, den Vögeln ausreichende Mengen frischer Äste zum Nestbau zu bieten. Täglich ist das Angebot zu ergänzen, denn selbst während der Brut wird ständig weitergebaut und ausgebessert. Werfen Sie aber in einer Voliere die Äste nicht einfach auf den Boden, denn für gewöhnlich suchen die Unzertrennlichen ihr Nistmaterial in der Höhe. Was am Boden liegt, findet meist keine besondere Beachtung. Ein Bündel frischgeschnittener Äste, das von der Volierendecke hängt, ist hingegen bald »abgeerntet«. Außer Zweigen und Rindenstückchen werden auch die Stengel der Kolbenhirse, Blätter und Blattstreifen als Nistmaterial verwendet.

Nestbau, Paarung und Brut

Der Nestbau ist Frauenarbeit. Die Weibchen von Rosenköpfchen, Taranta-Papageien, Grau- und Orangeköpfchen mühen sich sogar damit ab, die abgenagten Zweig- und Rindenstücke ins Körpergefieder zu stecken und dann mit der Last schwerfällig wie ein überladenes Flugzeug zum Nest zu fliegen. Sie transportieren Nistmaterial aber auch mit dem Schnabel, wie es bei den anderen Arten – mit weißem Augenring – der Brauch ist.
Wie gern sich die beiden Partner eines Agapornidenpaares haben, merkt man schon außerhalb der Brutzeit. Gegenseitige Gefiederpflege und Fütterung als Sympathiebeweise sind das ganze Jahr zu beobachten. Zur Brutzeit wird dies nun alles viel deutlicher. Ständig sitzen die beiden nebeneinander, dazwischen würgt das Männchen Futter hoch und füttert sein Weibchen. Dann trippelt er auf dem Sitzast auf und ab, fliegt ein kurzes Stück hoch, landet einmal rechts, dann wieder links neben der Angetrauten. Er ist äu-

ßerst aufgeregt, was unschwer zu erkennen ist, denn immer wieder muß er sich kratzen. Schließlich gibt sie deutlich zu erkennen, daß sie einer Vereinigung nicht abgeneigt ist. Sie duckt sich mit etwas gebreiteten Flügeln hin, stellt die Schwanzfedern in die Höhe und legt den Kopf zurück. Jetzt steigt das Männchen auf ihren Rücken, und es kommt zur Paarung, die mehrere Minuten dauern kann. Gefiederpflege beendet den Liebesakt.

Der Nestbau ist Frauensache; hier schält ein Schwarzköpfchen Nistmaterial von einem Zweig.

10 bis 20 Tage dauert der Nestbau. Schon während dieser Zeit kommt es zu Paarungen und ein paar Tage nach der ersten Paarung zur Eiablage. Wundern Sie sich jetzt nicht über den etwas weicheren Kot des Weibchens, das ist durchaus normal. Jeden zweiten Tag wird ein weißes Ei gelegt, fünf Eier sind ein guter Durchschnitt für ein Agapornidengelege.

Wie der Nestbau, so ist auch das Brüten bei den Unzertrennlichen ausschließlich Angelegenheit des weiblichen Geschlechts. Das Männchen wacht nur in Nestnähe und versorgt seine Partnerin mit Futter, das heißt, sie wird von ihm aus dem Schnabel gefüttert. Einige Male am Tag verläßt sie für ganz kurze Zeit das Nest, setzt Kot ab, trinkt und badet.

Schlüpfen und Aufzucht der Jungen

Nach 21 bis 25 Tagen – dies ist nicht nur von Art zu Art verschieden, sondern auch von verschiedenen äußeren Faktoren abhängig – schlüpft das erste Junge; manchmal sogar zwei oder drei, wenn das Weibchen erst vom zweiten oder dritten Ei an mit der Brut begonnen hat.

Wenn alles glatt verläuft (→ Probleme bei der Zucht, Seite 53), werden die Jungen mit ihrem Eizahn nahe der Oberschnabelspitze die Schale aufsprengen. Sie sind anfangs hell fleischfarben, die Dunen auf der Körperoberseite sind meist orange. In den folgenden Tagen werden Schnabel, Krallen und Beine dunkler, nach 10 Tagen öffnen sich die Augen zu einem schmalen Spalt und am ganzen Körper zeigen sich die zweiten Dunen. Nach weiteren 10 Tagen sind Schwung- und Schwanzfedern und an Kopf und Flügeln die Deckfedern zu sehen. Im Alter von fünf bis sechs Wochen schauen die kleinen Unzertrennlichen fertig entwickelt aus, nur die Federn wachsen noch weiter. In diesem Alter verlassen sie das Nest, gehen aber – eine Ausnahme bildet hier das Orangeköpfchen – abends und bei Gefahr wieder zurück.

Schon vor Brutbeginn müssen die Tiere an gutes Aufzuchtfutter gewöhnt werden. Gequollene und gekeimte Körner, grüne Hirse, frische Rispen von Gräsern werden gerne angenommen. Von freilebenden Tieren ist bekannt, daß sie ihren Nachwuchs auch mit Insekten und Würmern versorgen. Daher ist den Unzertrennlichen zusätzlich ein eiweißreiches Aufzuchtfutter zu bieten. Verschiedene Erzeugerfirmen bringen ein Fertigfutter auf den Markt, das durch einen Zusatz von geriebenen Karotten, gekochtem und zerkleinertem Eidotter und krümeligem Quark (Topfen) noch etwas verbessert werden kann. Diese mit Zusätzen versehenen Mischungen verderben bei warmem Wetter innerhalb von Stunden. Die Reste sind rechtzeitig zu entfernen.

Die Nestlinge werden anfangs vom Weibchen gefüttert. Um die ausgeflogenen Jungen kümmert sich vor allem das Männchen und versorgt sie mit Futter. Nach zwei Wochen brauchen sie aber die väterliche Hilfe nicht mehr, sie sind jetzt völlig selbständig geworden. Man bringt sie nun am besten in einem eigenen Käfig oder Gehege unter. Sofern das Weibchen nicht schon wieder gelegt hat, sollte jetzt der Nistkasten gereinigt und desinfiziert werden.

Manche Paare würden nahezu pausenlos brüten, denn in Gefangenschaft fehlen jene Faktoren, die im Freileben eine Brut unmöglich machen, wie etwa eine Dürreperiode mit akutem Nahrungsmangel. Mehr als drei Bruten im Jahr belasten die Weibchen zu sehr. Eine Pause bis zum nächsten Frühjahr muß einfach sein, selbst wenn man den Vögeln die Nistkästen wegnehmen muß. Sie haben nun keine Schlafhöhle und müssen durch entsprechende Raumtemperatur vor Erkältung geschützt werden.

Probleme bei der Zucht

Ein großes Problem bei der Zucht von Unzertrennlichen sind die häufigen Schwierigkeiten beim Schlüpfen der Jungen. Offensichtlich sind die schlüpfreifen Jungen nicht immer in der Lage, mit ihrem Eizahn die Schale zu durchbrechen. Entweder kann die Ursache mangelhafte Ernährung sein – einem gewissenhaften Vogelhalter dürfte das nie und nimmer passieren –, oder die umgebende Luft ist einfach zu trocken.

Reichen Sie auch während der Brut täglich frische Zweige. Sie werden ins Nest eingetragen, zerfasert und geben etwas Feuchtigkeit an die Umgebung ab.

Sorgen Sie für ein flaches Badegefäß. In kurzen Brutpausen nehmen die Weibchen oft ein Bad und setzen sich dann mit dem nassen Gefieder auf die Eier.

Erhöhen Sie die Luftfeuchtigkeit im Raum (Pflanzen, Wasserbecken, Luftbefeuchter, Zimmerspringbrunnen). Zusätzliche Maßnahmen erübrigen sich meistens. Trotzdem will ich Ihnen aber nicht verschweigen, welche Tricks sich manche Züchter noch ausgedacht haben. So kann man den Nistkasten täglich ansprühen. Durch das Holz zieht die Feuchtigkeit allmählich nach innen. Oder man baut einen Nistkasten mit doppeltem Boden. In den unteren Raum kommt eine flache Schale mit Wasser, darüber ein Gitterrahmen, der die Feuchtigkeit in die Nestkammer läßt (→ Zeichnung Seite 20).

Manchmal werden den kleinen Agaporniden von ihren Eltern im Nest die sprießenden Federn abgebissen. Ist davon nur eine kleine Hautfläche betroffen, genügt es, diese Stelle mit etwas Hautcreme zu betupfen. Mitunter werden die Vogelkinder aber zur Gänze ihrer Federn beraubt. Auf der Suche nach Erklärungen für dieses Fehlverhalten spricht man von Langeweile, unzureichender Ernährung und schlechtem Raumklima.

Sollten Sie einmal ähnliches mit Ihren Tieren erleben, überlegen Sie bitte, ob sich nicht doch da und dort die Haltungsbedingungen etwas verbessern lassen. Die gerupften Kinder lassen manche Züchter durch ein grobes Gitter, das eine Nistkastenwand ersetzt, von den Eltern weiterfüttern. Das Einschlupfloch ist verschlossen. Natürlich wird es nötig sein, die Kleinen auch zu wärmen. Wer genügend Zeit hat, kann sich aber auch selbst als Ziehvater oder Ziehmutter betätigen

Künstliche Aufzucht

Nicht immer entwickeln sich Vogelkinder so, wie wir es gerne hätten. Das zuletzt geschlüpfte Junge kann von den schon größeren und schwereren Geschwistern erdrückt werden. Ein Elternteil kann gerade während der Aufzuchtzeit sterben oder die Eltern beginnen, ihre eigenen Kinder zu mißhandeln (→ Seite 53).

In solchen Fällen kann eine Ammenaufzucht, etwa durch Singsittiche oder sogar durch Wellensittiche, die kleinen Vogelleben retten. Wer verfügt aber schon über ein solches Vogelpaar, das gerade Junge im Nest hat? Bleibt nur noch die Möglichkeit, die verwaisten oder mißhandelten Vogelkinder selbst aufzuziehen. So einfach wie eine junge Amsel sind kleine Papageien nicht zu füttern, denn sie sperren ja ihren Schnabel nicht weit auf, sondern lassen sich von den Eltern mit Futterbrei richtig vollpumpen. Sie brauchen also zumindest in den ersten Tagen

eine Futterspritze (eine Injektionsspritze mit angestecktem Fahrradventilschlauch leistet hier gute Dienste) und vor allem viel Gefühl. Zum Glück kann man schon nach kurzer Zeit auf Löffelfütterung umstellen.

Der Futterbrei besteht hauptsächlich aus Babynahrung mit Zusatz von Futterkalk und eines Multivitaminpräparates. Allmählich kann man es durch Zusatz einer Aufzuchtmischung etwas vergröbern. Selbstverständlich muß die Nahrung Körpertemperatur haben (im Wasserbad auf 38° C erwärmen). Alle Nahrung kommt ja aus dem Kropf der Elterntiere und besitzt somit Körpertemperatur.

Handaufgezogene Agaporniden werden handzahm und anhänglich; sie suchen auch später immer die Gesellschaft des Menschen.

Natürlich erfordert eine solche Vogelbetreuung sehr viel Zeit. Sie müssen damit rechnen, die Kleinen zumindest anfangs alle zwei bis drei Stunden versorgen zu müssen. Ein Blick auf den Kropf verrät, wann es Zeit zur nächsten Fütterung ist. Bei nur mehr geringer Füllung ist es Zeit, die nächste Mahlzeit vorzubereiten. Gesunde und kräftige Jungtiere machen sich überdies schon von selbst deutlich bemerkbar. Eine tägliche Gewichtskontrolle ist sehr zu empfehlen.

Noch unbefiederte Agapornidenkinder brauchen eine Umgebungswärme von etwa 32° C. Man setzt sie in eine Schachtel auf Zellstoff und erwärmt sie durch eine Lampe. Die Temperatur muß ständig kontrolliert werden. Selbst auf geringe Schwankungen reagieren Papageien in diesem Alter mit Unbehagen. Mit zunehmender Befiederung darf die Temperatur abgesenkt werden. Die Pflegekinder werden jetzt allmählich unternehmungslustiger, sie müssen in einem kleinen Käfig untergebracht werden. Handaufgezogene Vogelkinder werden besonders zahm und anhänglich. Handelt es sich gar um ein Einzelkind, wird es kaum mehr Anschluß zu Artgenossen finden, sondern lieber in der vertrauten menschlichen Gesellschaft bleiben. Für solche Tiere müßte man als Betreuer den ganzen Tag Zeit haben (→ Seite 7).

Unzertrennliche erhalten

Rosenköpfchen werden bereits so zahlreich gezüchtet, daß sich größere Einfuhren erübrigen. Auch bei den Schwarzköpfchen und Pfirsichköpfchen könnte es bald so weit sein. Somit kann also hier die Nachfrage aus den Kreisen privater Vogelfreunde schon in großem Maße mit nachgezüchteten Tieren gedeckt werden, eine Entwicklung, die sehr zu begrüßen ist. Alle drei genannten Formen sind in den Volieren der Züchter und in ihren Heimatländern so häufig, daß sie mit ruhigem Gewissen als Heimtiere angeboten werden können.

Die übrigen Formen – Orangeköpfchen, Grauköpfchen, Taranta-Papageien, Ruß- und Erdbeerköpfchen – sind zumindest auf den Angebotslisten der Tierhändler kaum mehr zu finden. Gelegentlich hat aber ein Züchter Nachzuchttiere abzugeben. Es könnte also durchaus sein, daß auch Sie eines Tages in den Besitz solcher Unzertrennlichen kommen. Wenn ja, so betrachten Sie bitte diese Geschöpfe als einen wertvollen Schatz, den es zu hüten und nach Möglichkeit zu mehren gilt. Grauköpfchen und Taranta-Papageien werden vielleicht nie mehr eingeführt. Es wäre zu schade, wenn sie da und dort als Zimmerschmuck in einem Messingkäfig sitzen, statt sich bei sachkundiger Pflege zu vermehren. Und noch etwas: Kreuzungsexperimente mit Unzertrennlichen sind von Vogelliebhabern schon genug gemacht worden. Heute ist die Erhaltung reinrassiger Zuchtstämme viel wichtiger. Von einigen Arten gibt es heute eine ganze Reihe verschiedener Farbspielarten. Mutationen, die gelegentlich auch in freier Wildbahn auftreten, hier aber nur ganz geringe Überlebenschancen haben, werden von den Vogelliebhabern gehegt und weitergezüchtet. Dies ist schon beinahe eine Wissenschaft für sich, denn außer großer Erfahrung als Züchter braucht man dazu Grundkenntnisse auf dem Gebiet der Vererbungslehre. Schließlich aber auch einiges Verantwortungsgefühl, denn die Weiterzucht wildfarbener Bestände soll darunter nicht leiden. Die Zucht von Farbmutationen sollte daher unter der Kontrolle ernsthafter Vogelhalter bleiben.

Unzertrennliche verstehen lernen

Vielleicht erscheint Ihnen so manches Verhalten Ihrer Unzertrennlichen fremd und unbegreiflich. Sicherlich werden Sie die Verhaltensweisen dieser Tiere verstehen, wenn Sie das Freileben Ihrer Vögel in ihrer Heimat, also in ihrem natürlichen Lebensraum, besser kennen.

Kleine Papageien-Anatomie

Als Angehörige der großen Ordnung der Papageien besitzen Unzertrennliche alle wesentlichen Merkmale dieser Vogelgruppe. Das markanteste gemeinsame Kennzeichen

ist der gekrümmte Schnabel, der durch seine besondere Beweglichkeit ein vielseitiges Werkzeug darstellt. Der Oberschnabel läßt sich durch ein eigenes Gelenk auch nach oben bewegen, der Unterschnabel kann wie ein Schlitten hin und her bewegt werden – zum Enthülsen von Körnern also ein recht brauchbares Instrument. Alle Körner, von der kleinsten Hirse bis zu großen Sonnenblumenkernen werden vor dem Verzehren von ihrer Hülle befreit. Dies ist für einen Vogel sehr wichtig, denn die Hülsen enthalten einen hohen Anteil an schwerverdaulicher Rohfaser. Somit ist durch die Schnabelarbeit schon eine wesentliche Vorbereitung zur späteren Verdauung getan. Mit den be-

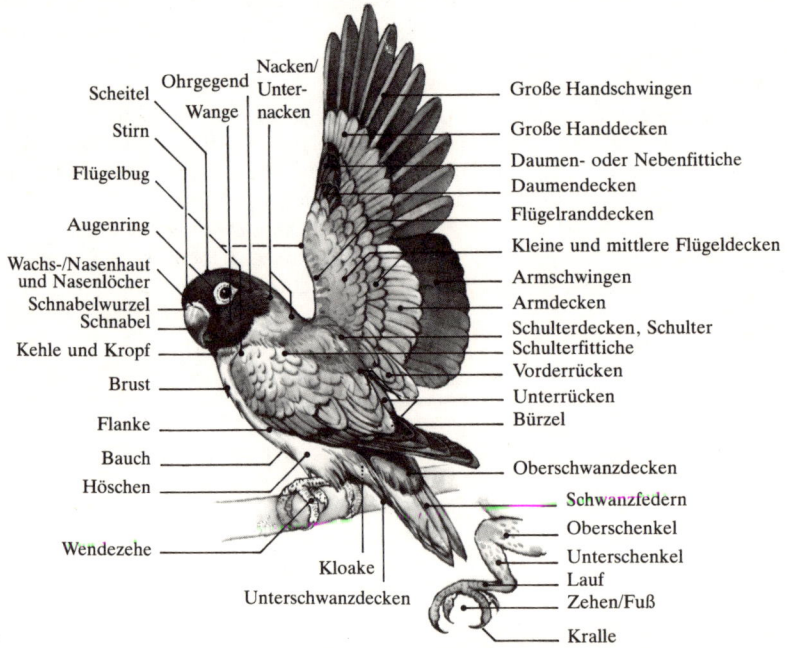

Scheitel · Ohrgegend · Nacken/Unternacken · Wange · Stirn · Flügelbug · Augenring · Wachs-/Nasenhaut und Nasenlöcher · Schnabelwurzel · Schnabel · Kehle und Kropf · Brust · Flanke · Bauch · Höschen · Wendezehe · Kloake · Unterschwanzdecken

Große Handschwingen · Große Handdecken · Daumen- oder Nebenfittiche · Daumendecken · Flügelranddecken · Kleine und mittlere Flügeldecken · Armschwingen · Armdecken · Schulterdecken, Schulter · Schulterfittiche · Vorderrücken · Unterrücken · Bürzel · Oberschwanzdecken · Schwanzfedern · Oberschenkel · Unterschenkel · Lauf · Zehen/Fuß · Kralle

Was ist wo an einem Agaporniden? Die Kenntnis der Vogelanatomie ist vor allem für das Gespräch mit dem Tierarzt wichtig.

weglichen Schnabelhälften arbeitet die dicke Zunge zusammen, sie hält die Körner in der richtigen Position und ist auch beim Trinken wichtig. Papageienzungen sind reich mit Tast- und Geschmackspapillen besetzt, sind also direkt ein Prüforgan.

Was bei den Säugetieren die Zähne leisten, muß bei den Vögeln der Schnabel zuwege bringen. Davon abgesehen, ist er sogar eine Kletterhilfe. Mit Hilfe des Schnabels wird auch das Zerkleinern und Zubereiten von Nistmaterial besorgt, und nicht zuletzt fungiert er – wie bei allen Vögeln – als Waffe.

Die aufgenommene Nahrung wandert vorerst in den Kropf, wo die erste Aufbereitung erfolgt. Nach einer ausgiebigen Mahlzeit ist selbst durchs Gefieder hindurch der gefüllte Kropf deutlich zu sehen.

Ein weiteres Charakteristikum der Papageien ist der besonders gestaltete Fuß, bei dem die vierte und erste Zehe nach rückwärts zeigen und gemeinsam mit der nach vorne gerichteten zweiten und dritten Zehe beim Klettern wie eine Zange zugreifen. Manche Papageienarten können sogar Nahrungsbrocken oder andere Gegenstände damit halten, die Unzertrennlichen können das aber nicht.

Der natürliche Lebensraum

Nur eine einzige Art, das Grünköpfchen, über dessen Leben wir sehr wenig wissen, ist ausgesprochener Waldbewohner. Alle anderen leben in offenen Landschaften und entfernen sich nicht allzuweit von Wasserstellen, denn Agaporniden halten es ohne zu trinken nicht lange aus. In die von Agaporniden bewohnten Landstriche ist auch bald

der Mensch vorgedrungen, um sie für seine Zwecke zu nützen. Die kleinen Papageien profitierten so vom Ackerbau, von künstlichen Wasserstellen und fanden sogar an menschlichen Bauwerken – von der einfachen Hütte bis zum großen gemauerten Haus – neue Möglichkeiten für den Bau ihrer Nester. Für die Vögel ergab sich aber auch eine neue Gefahr, denn verständlicherweise haben Menschen mit gefiederten Nahrungskonkurrenten, die gleich in Schwärmen von mehr als hundert Tieren angeflogen kommen, keine Freude und bekämpfen sie, wo es nur geht.

Über die Reviergrößen in freier Wildbahn hat der Zoologe Hösch Informationen geliefert. Rosenköpfchen halten sich in einem Gebiet von etwa 5 km Durchmesser auf. Sie werden morgens noch vor Sonnenaufgang aktiv, aber später als die anderen Vögel dieser Gegend. Mindestens zweimal täglich kommen sie in kleinen Schwärmen zur Wasserstelle, das erste Mal ungefähr eine Stunde nach Sonnenaufgang.

Das Nest – Brutstätte und Zufluchtsort

Für den Bau ihrer Nester werden von Unzertrennlichen die verschiedensten Möglichkeiten genützt. Wo ein Hohlraum passender Größe vorhanden ist, ziehen sie ein. Schwarz- und Pfirsichköpfchen brüten zwar vorwiegend in den Höhlungen von Affenbrotbäumen, aber ebenso an Gebäuden oder in leeren Vogelnestern. Das Rosenköpfchen ist genauso vielseitig. Außerdem hat es sich in einigen Verbreitungsgebieten zum Stadtbewohner entwickelt und brütet in Okahandja und in Windhoek (Namibia) an Ge-

bäuden. Schwarzköpfchen und Pfirsichköpfchen sind die perfektesten Nestbauer unter
den Papageien. Sie werden eigentlich nur
vom südamerikanischen Mönchssittich über-
troffen, der in den Bäumen freistehende Ko-
lonienester aus Zweigen und Reisig errich-
tet. In den Nistkästen sind die Nester der
beiden Agapornidenarten immer zweiteilig,
wobei sich in der Höhe des Einschlupfloches
eine Vorkammer befindet.

Wie lange an einem solchen Nest gebaut
wird, ist ganz verschieden. Von meinen Pfirsichköpfchen waren manche schon nach 13
Tagen mit dem Nestbau fertig, andere
brauchten 37 Tage dazu. Solange es noch
keine Eier gibt, wird ständig gebaut, wobei
sich der Querschnitt des Nestes immerfort
ändern kann.

Das ganze Jahr hindurch hat das Nest die
Bedeutung eines »Heimes erster Ordnung«,
um einen von dem bekannten Tierpsycholo-
gen Professor Hediger geprägten Begriff zu
verwenden. Schon wenige Tage nach Baube-
ginn wird im Nest geschlafen, bei Gefahr
hineingeflüchtet und das Nest gegen Artgenossen verteidigt.

Wenn Unzertrennliche zuwenig fliegen

Agaporniden haben relativ kurze Flügel, sie
fliegen aber trotzdem ziemlich rasch und
manövrieren auch sehr gut. Jedenfalls spielt
bei diesen Papageien das Fliegen als Fortbe-
wegungsweise eine größere Rolle als das
Klettern. Im normalen Tagesablauf fliegen
Unzertrennliche in Freiheit täglich einige Ki-
lometer, sie machen also jeden Tag viele
tausend Flügelschläge. Diese Möglichkeit
fehlt ihnen im Käfig, ja selbst in einer sehr

großen Voliere. Es gibt für sie aber einen
Weg, den aufgestauten Drang nach fliegender Bewegung abzureagieren. Sie tun dies in
einer Weise, die den Vogelbesitzer immer
zum Staunen bringt und die oft fehlinterpre-
tiert wird, nämlich durch »Fliegen im Leer-
lauf«. Die Tiere klammern sich fest an einen

Käfig und Voliere bieten nicht genügend Platz zum Flug;
den aufgestauten Drang nach fliegender Bewegung rea-
giert der Vogel durch kräftiges Flügelschlagen ab.

Ast und schwirren kräftig mit den Flügeln.
Zwischendurch springen sie auf einen anderen Ast, um die Flugübungen dort fortzuset-
zen. Bei Käfigvögeln können Sie dieses Verhalten oft beobachten, am häufigsten bei
Weibchen, die zu einer kurzen Brutpause
aus ihrem Nest herauskommen.

Die Nahrungsaufnahme

Wenn Unzertrennliche beim Futternapf sitzen, sich ein Korn nach dem anderen her-
ausholen und die leeren Hülsen fallenlassen,
bildet sich auf diese Weise im Laufe des Tages eine Schicht von diesem unbrauchbaren

Unzertrennliche verstehen lernen

Abfall, die den Vögeln den Zugang zu den vollen Körnern im Napf verwehrt. Wahrscheinlich wird mancher Pfleger seine Vögel für wenig intelligent halten, weil sie nicht einmal in der Lage sind, in einem Futternapf durch Umrühren zu den genießbaren Körnern zu kommen. Etwas Überlegung, wie sich die Nahrungsaufnahme in Freiheit abspielt, wird dieses Urteil sicher revidieren. Unzertrennliche holen ihre Nahrung von Grasrispen und von Zweigen, für sie gibt es das Wühlen und Stochern nach Nahrung, wie es uns jede Amsel im Park vorführt, einfach nicht. Was sie an Fähigkeiten für das Leben in ihrem natürlichen Lebensraum brauchen, das besitzen sie. Dem Käfigleben sind sie von Natur aus nicht angepaßt, wir müssen daher die Haltungsbedingungen (→ Seite 31) stets den Bedürfnissen der Tiere angleichen.

Mehrmals sah ich bei meinen Pfirsichköpfchen ein Verhalten, das ich ihnen eigentlich gar nicht zugetraut hätte und das eher zu einem jagenden Vogel paßt. Wenn sie sich nicht zum Futternapf wagten, weil sie entweder meine Anwesenheit oder die eines ranghöheren Artgenossen störte, schlichen sie vorsichtig mit langem Hals heran, ergriffen rasch einen Sonnenblumenkern und kletterten oder flogen mit der Beute davon.

Das Sozialverhalten

Außerhalb der Brutzeit finden sich Unzertrennliche zu größeren Verbänden zusammen. Das kann die Familiengruppe von fünf bis sieben Vögeln sein, aber auch – an einem günstigen Nahrungsplatz – ein großer Schwarm von über hundert Tieren.

Selbst innerhalb dieser Schwärme ist die Beziehung zum Ehepartner von besonderer Bedeutung. Sie wird durch verschiedene Verhaltensweisen hergestellt und immer wieder aufs neue gefestigt.

Schon nach der ersten Mauser finden die jungen Pärchen zusammen. Sie sitzen und schlafen nebeneinander und suchen den engen körperlichen Kontakt mit dem Partner. Solche Bindungen halten bei Unzertrennlichen bis zum Tod eines Paarteiles.

Soziale Körperpflege

Für die Förderung der Paarbindung ist die gegenseitige Körperpflege besonders wichtig. Bei kaum einer anderen Papageiengruppe fällt das häufige gegenseitige Kraulen des Kopfes so sehr auf wie bei den Unzertrennlichen. Einerseits hat dies eine praktische Bedeutung, weil diese Region vom ei-

Bei der gegenseitigen Gefiederpflege kraulen sich die Vögel an den Körperstellen, die sie selbst mit dem Schnabel nicht erreichen.

genen Schnabel nicht zu erreichen ist und die Füße bei aller Geschicklichkeit etwa zur Mauserzeit nicht gezielt Federhüllen entfernen können. Für einen Partner ist dies jedoch eine Kleinigkeit. Anderseits gehört ge-

genseitige Körperpflege zum Zärtlichkeitsverhalten der sozialen Lebewesen.
Diese Freundlichkeit wird entweder dem Partner oder den noch nicht selbständigen Jungen zuteil. Der Partner kann zu dieser Freundlichkeitsgeste auch aufgefordert werden: der Kopf wird ihm etwas geneigt hingehalten, das Kopfgefieder ist leicht gesträubt, die Augen sind halb geschlossen.

Partnerfütterung und Paarung

Das ganze Jahr hindurch können Sie beobachten, wie sich Ihre Agaporniden gegenseitig füttern, wobei stets das Männchen der aktivere Teil ist. Zur Brutzeit wird dieses Verhalten intensiver und bekommt eine praktische Bedeutung, denn das brütende und hudernde Weibchen wird nun tatsächlich gefüttert. In der übrigen Zeit muß dies nicht immer der Fall sein, man tut nur so, als möchte man den Partner füttern. Dieses symbolische Füttern dient zur Festigung der Beziehung zwischen den Partnern.

Gegenseitige Körperpflege und Partnerfütterung wird zur Brutzeit noch ausgiebiger als sonst betrieben.

Bevor das Männchen seine Partnerin füttern kann, muß es Nahrung aus dem Kropf emporwürgen. Dies geschieht unter charakteristischen pumpenden Bewegungen, die für die Paarung einen ganz bestimmten Signalwert haben. Paarungsbereite Weibchen erkennen daran die Absichten des werbenden Männchens und begeben sich in die bereits beschriebene Aufforderungsstellung (→ Seite 51). Ungeduldige Männchen wollen dieses Zeremoniell – soziale Körperpflege und Partnerfütterung vor der Begattung – nicht einhalten. Sie trippeln seitlich an ihr Weibchen heran und versuchen gleich aufzusteigen. Da kann es geschehen, daß er mit offenem Schnabel abgewehrt wird. Ein kurzer Kampf, das Männchen richtet sich auf und schlägt mit den Flügeln, und seine Aktivität ist für diesmal beendet. Papageienpfleger, welche die Geschlechtszugehörigkeit ihrer Lieblinge nicht feststellen können, bringen die Vögel oft in Situationen, die es in freier Wildbahn wahrscheinlich niemals geben wird. Werden zwei Männchen zusammengesetzt, verhalten sie sich in ihrer Not wie ein zärtliches Paar. Zum Nestbau kommt es jedoch nicht, denn dieser ist, wie gesagt, bei den Unzertrennlichen reine Frauensache. Ein Weibchenpaar hingegen geht schon weiter und kann damit den Besitzer recht lange täuschen. Sie sind zueinander liebevoll, wobei ein Tier die Männchenrolle übernimmt, bauen ein Nest und legen Eier. Allerdings oft mehr als zehn Stück. Spätestens dann hat wohl jeder erkannt, daß hier etwas nicht ganz stimmt.

Aggressives Verhalten

Trotz aller Freundlichkeit und Zärtlichkeit sind Unzertrennliche auch heftige Kämpfer, hart und erbarmungslos, wenn es gilt, einen fremden Artgenossen zu vertreiben. Meist beschränken sich die Auseinandersetzungen vor allem zwischen Ehegatten auf Schnabelgefechte, die zu keinen Verletzungen führen. Fremden Gegnern rücken sie stumm drohend, mit gestrecktem Hals und geöffnetem Schnabel an den Leib. Kommt es zum Kampf, stehen beide Kontrahenten Brust an Brust und hauen mit den Schnäbeln aufeinander los. Solche Gefechte dauern aber nicht lange. Bei ernsten Angriffen, auch auf artfremde Vögel, sind in erster Linie die Beine des Gegners das Ziel für den Schnabel. Wird in einer Gruppe ein unverpaarter Einzelvogel angegriffen, bleiben sogar schwere, unter Umständen tödliche Kopfverletzungen nicht aus.

Laute und Rufe

Die für unsere Ohren nicht immer angenehmen hellen und scharfen Rufe mancher Arten dienen im natürlichen Lebensraum der Kontaktfindung der Partner, halten einen Schwarm zusammen und haben eine wichtige Warnfunktion. Ob diese Erklärung jedoch einen empörten Nachbarn in einem Großstadthaus beruhigen wird?
Der Stimmfühlungsruf beim Pfirsichköpfchen ist ein zweisilbiges »tsick-tsick«. Dieser Ruf hält die Angehörigen eines Paares zusammen. Der Schreckruf ist ein helles »tsicktsicktsicktsick«, das in ein scharfes Trillern übergehen kann. Diese Rufe sollen Artgenossen warnen und sind besonders laut. Lautstärke und die für unsere Ohren durchdringende Tonhöhe sind aus der Situation in freier Wildbahn zu verstehen. Die Rufe müssen von den Artgenossen oft über weite Entfernungen und trotz des Umgebungslär-

mes – Blätterrauschen, andere Tierstimmen – gehört werden.

Die Jugendentwicklung

Bei den Pfirsichköpfchen, die ich genauer beobachten konnte, dauert das Neugeborenenstadium einen Tag. Die Tiere können noch nicht richtig sitzen, sie purzeln auf den Rücken, wenn sie von einem der Geschwister umgestoßen werden. Ihre Bettelreaktionen sind noch schwach. Es sind zwar schon am ersten Tag Rufe zu hören, ein piepsendes »zizizizi«, aber wie typisches Agapornidenbetteln klingt es noch nicht. Das erste Dunenkleid ist orangerot, etwa 5 mm hoch und ganz dicht. Doch mit zunehmendem Wachstum wird es immer schütterer. Um den 15. Tag zeigen sich die zweiten, die bleibenden Dunen. In dieser Zeit haben auch schon die Großgefiederkiele zu sprießen begonnen, der Eizahn ist abgefallen und die Augen sind offen. Etwa vom 20. Tag an beginnen die Federhüllen abzufallen und die Kleinen bekommen allmählich das Aussehen ihrer Eltern. Zwei Wochen später sind sie so gut wie fertig befiedert. Um den 38. Tag gucken sie erstmals aus dem Nistkasten, wagen sich aber noch nicht ganz heraus. Dazu kommt es erst zwei Tage später. Bis zu ihrem 52. Lebenstag gingen meine Pfirsichköpfchen ins elterliche Nest schlafen, etwa ebenso lange ließen sie sich füttern. Aber nicht nur von den Eltern, denn sie bettelten in der Voliere sogar Geschwister und andere, nicht zur Familie gehörende Pfirsichköpfchen an. Im Alter von zehn Monaten sind sie bereit, eine neue Familie zu gründen.

Agaporniden-Arten

Die Einordnung im zoologischen System

In den letzten Jahren haben sich die Ornithologen intensiv mit der Papageiensystematik befaßt, mit dem Ergebnis, daß so manches nicht mehr stimmt, was in den etwas älteren vogelkundlichen Büchern zu lesen ist. Die Ordnung der rund 320 Arten umfassenden Papageien *(Psittaciformes)* wurde in 11 Familien aufgegliedert, von denen die der Kleinpapageien *(Micropsittidae)* für uns interessant ist. Hier sind neben den Spechtpapageien und den Bindenpapageien in der Unterfamilie *Loriculinae* die Unzertrennlichen *(Agapornis)* und die Fledermauspapageien *(Loriculus)* zu finden.

Damit wurden die Unzertrennlichen ganz offiziell mit ihren nächsten Verwandten in dieselbe Gruppe eingeordnet. Mit diesen von Südostasien bis Neuguinea verbreiteten kleinen frucht- und nektarfressenden Papageien verbinden die Unzertrennlichen nämlich außer anatomischen Merkmalen zwei besondere Verhaltensweisen: Sie schlafen wie Fledermäuse vom Ast herunterhängend, was von den Unzertrennlichen auch das Orangeköpfchen tut, und sie transportieren Nistmaterial ins Rücken- und Bürzelgefieder eingeklemmt, eine typische Eigenart der Unzertrennlichen ohne weißen Augenring.

Arten mit weißem Augenring

Dieser Gruppe gehören vier Formen an, die alle die folgenden gemeinsamen Merkmale aufweisen: Unbefiederter weißer Augenring; unbefiederter weißer Wachshautstreifen an der Basis des Oberschnabels; roter Schnabel; beide Geschlechter sehen gleich aus; große Nester mit Überdachung; Weibchen tragen das Nistmaterial mit dem Schnabel ein.

Da sich diese vier Unzertrennlichen-Arten auch in ihrem Balzverhalten sehr ähnlich sind, untereinander ohne Schwierigkeiten gekreuzt werden können und außerdem ihre Verbreitungsgebiete im Südosten des afrikanischen Kontinents nahe beieinander liegen, werden sie heute von vielen Vogelkundlern als Angehörige einer einzigen Art betrachtet.

Schwarzköpfchen

(Agapornis personata) 15 cm
Farbfotos Seite 9, 28, 48, U 4
Beschreibung: Kopf fast schwarz, Brust leuchtend gelb, sonst vorwiegend grün. Das Gefieder von Jungvögeln ist etwas matter, die Basis des Oberschnabels schwärzlich.

Verbreitung: Im Inneren von Tansania. In Nairobi, Daressalam und Mombasa eingebürgert.
Freileben: Lebensraum sind die mit Akazien und Affenbrotbäumen bestandenen Grassteppen bis in eine Höhe von 1700 m. Schwarzköpfchen brüten von März bis August oft kolonienweise hauptsächlich in Astlöchern der Affenbrotbäume, aber auch in Mauernischen und sogar in verlassenen Nestern von Seglern. Die Nahrung besteht vorwiegend aus Gras- und Kräutersamen. Zur Reifezeit fallen

diese Unzertrennlichen schwarmweise in Mais- und Hirsefelder ein. Da sich die Verbreitungsgebiete stellenweise überschneiden, kommt es auch in ihrer afrikanischen Heimat stellenweise zu Kreuzungen mit Pfirsichköpfchen. Mischlinge wurden zum Beispiel 1983 von einem Wiener Händler eingeführt.

Haltungsgeschichte: Seit 1877 bekannt, 1887 wissenschaftlich beschrieben, 1925 erstmals in die USA, 1927 nach Europa eingeführt. Heute sind Schwarzköpfchen auch aus Nachzuchten ohne Schwierigkeiten erhältlich.

Besondere Ansprüche und Eigenarten: Schwarzköpfchen vertragen sich nicht mit anderen Vögeln. Beliebtes Nestbaumaterial ist Rinde.

Zucht: Die Zucht ist zwar etwas schwieriger als die der Rosenköpfchen, bringt aber trotzdem keine besonderen Probleme. 4 bis 5 Eier (manchmal bis 8), Brutdauer 22 Tage, Nestlingszeit 40 Tage. Erstlingsdunen orange, zweites Dunenkleid graugrün. Mit etwa sechs Monaten sind die Jungvögel ausgefärbt. Auch das Männchen füttert vom ersten Tag an seine Kinder.

Mutationen: Seit 1927 gibt es blaue Schwarzköpfchen, die von einem blauen Männchen aus freier Wildbahn abstammen. Gelbe wurden 1935 erstmals in Kalifornien gezüchtet, weiße 1947 in Japan. Verschiedene andere in der Zwischenzeit bekanntgewordene Mutationen sind im Zoofachhandel kaum erhältlich.

Pfirsichköpfchen
(Agapornis fischeri) 15 cm
Farbfotos Seite U 2, 9, 47, U 3
Beschreibung: Stirn, Wangen und Kehle orangerot, Hinterkopf bräunlich, Brust gelblich. Oberschwanzdecken blau. Übriger Körper grün.
Verbreitung: Nördliches Tansania.
Freileben: Pfirsichköpfchen sind in den Savannen der Hochländer (1000 bis 1700 m) anzutreffen, halten sich aber auch in kultiviertem Land auf, wo sie zur Reifezeit schwarmweise die Felder aufsuchen. Brüten außer in Asthöhlen auch in verlassenen Nestern von Webervögeln. Brutzeit Mai bis Juli.

Haltungsgeschichte: 1887 beschrieben, 1927 Ersteinfuhr.

Besondere Ansprüche und Eigenarten: Stimme etwas weniger laut als die der Schwarzköpfchen, etwas verträglicher als diese Art.

Zucht: Die etwa 6 Eier werden 22 Tage bebrütet. Nach 40 Tagen verlassen die Jungen das Nest. Sie sind mit 6 Monaten ausgefärbt. Die Erstlingsdunen sind orange, das zweite Dunenkleid graugrün.

Mutationen: Gelbe Pfirsichköpfchen gibt es angeblich seit etwa 50 Jahren. Die ersten blauen wurden 1957 in Südafrika gezüchtet. Beide Mutationen sind noch ausgesprochene Seltenheiten.

Rußköpfchen
(Agapornis nigrigenis) 14 cm
Farbfotos Seite 9, 37
Beschreibung: Stirn und Oberkopf sind dunkelbraun mit rötlichem Anflug. Kehle und ein Teil der Vorderbrust orange. Grüne Oberschwanzdecken. Dies sind die wichtigsten Unterschiede zum Schwarzköpfchen, auf die man beim Kauf von Rußköpfchen achten muß. Wegen der häufigen Kreuzungen gibt es oft ähnlich gefärbte Tiere. Übriges Gefieder grün.
Verbreitung: Südwesten von Sambia, Nordosten von Namibia und Botswana, westlichster Teil von Zimbabwe.
Freileben: Rußköpfchen leben an bewaldeten Flußufern in Höhenlagen von 600 bis 1300 m. Wie ihre Verwandten richten sie in Hirsefeldern oft großen Schaden an, so daß sie zeitweise von den

Einheimischen in Massen gefangen werden. Nicht zuletzt wegen dieser Verfolgungen muß man sie heute als gefährdete Art betrachten. Beobachter berichteten, daß die Rußköpfchen morgens und abends eine Wasserstelle zum Baden aufsuchen.

Haltungsgeschichte: 1904 entdeckt, 1906 wissenschaftlich beschrieben, 1907 Ersteinfuhr, 1908 Erstzucht. Heute sind wirklich reinrassige Tiere schwer zu bekommen.

Besondere Ansprüche und Eigenarten: Sie sind weniger angriffslustig als die Schwarzköpfchen und Pfirsichköpfchen und können in größeren Gehegen mit anderen Vögeln zusammen gehalten werden. Auch eine Koloniebrut ist möglich. Allerdings sollten die wenigen Besitzer von Rußköpfchen alles daransetzen, um sie nachzuzüchten. Störende Einflüsse, die sich bei der Gemeinschaftshaltung durch Auseinandersetzungen zwischen den Koloniemitgliedern immer wieder ergeben können, sollte man lieber ausschalten.

Zucht: Die etwa 5 Eier werden 22 Tage bebrütet. Die Jungen verlassen im Alter von 36 Tagen das Nest und sind mit 6 Monaten ausgefärbt.

Mutationen: Bisher keine bekannt.

Erdbeerköpfchen

(Agapornis lilianae) 13 cm
Farbfotos Seite U 1, 9, 37, 48

Beschreibung: Vorderkopf und Kehle sind orangerot, die Oberschwanzdecken im Gegensatz zum Pfirsichköpfchen grün. Das übrige Gefieder ist grün.

Verbreitung: Südliches Tansania, nördliches Rhodesien, östliches Sambia und nordwestliches Mozambique. Das Verbreitungszentrum ist Malawi.

Freileben: Erdbeerköpfchen halten sich gerne in Wassernähe auf, so etwa an den bewaldeten Flußniederungen des Sambesi. Auch an den Ufern des Nyassasees sind sie häufig anzutreffen. Sie brüten in Astlöchern, in verlassenen Webernestern (zum Beispiel in denen des Büffelwebers) und an Hütten und Häusern. Als Nistmaterial tragen sie dünne Zweige, Baumrinden- und Palmblattstreifen ein. Als Nahrung dienen Grassamen, Blüten, Knospen, Früchte und Samen von Bäumen. Die Brutzeit dauert von Dezember bis März. Danach sieht man die Erdbeerköpfchen in Schwärmen (20 bis 100 Vögel) die Getreidefelder besuchen.

Haltungsgeschichte: 1864 entdeckt, 1894 wissenschaftlich beschrieben, 1926 Ersteinfuhr. Heute wird diese Art nur selten angeboten.

Besondere Ansprüche und Eigenarten: Erdbeerköpfchen sind etwas empfindlicher als die meisten anderen Arten. Sie erkälten sich leicht und dürfen deshalb keinen Temperaturen unter 10° C ausgesetzt werden. Zur Brutzeit brauchen sie sogar mindestens 17° C. Mit anderen Vögeln, wie Finkenartigen, Wellen- und Nymphensittichen vertragen sie sich recht gut, auch mehrere Paare können gemeinsam in einer Voliere gehalten werden. Als Nahrung sind Japanhirse, Senegalhirse sowie eingeweichte oder angekeimte Kolbenhirse sehr beliebt. Zusätzlich sollten Erdbeerköpfchen – dies würde aber den anderen Arten ebenfalls nicht schaden – Sittichaufzuchtfutter, gehacktes gekochtes Ei, viel Grünfutter, Beeren, Obst, Knospen und nektarreiche Blüten (z. B. die von Robinien) bekommen.

Zucht: Diese Art ist zwar sehr brutfreudig, aber oft ist nur die Hälfte des Geleges befruchtet. Hochformatkästen werden lieber angenommen als die waagrechten. Empfohlen wird die Zucht in Gruppenhaltung. Die bis zu 5 Eier werden 22 Tage bebrütet. Erdbeerköpfchen brüten vom ersten Ei an. Nach 37 bis 40 Tagen fliegen die Jungen aus. Die Erstlingsdunen sind lachsrosa, das zweite Dunenkleid graugrün.

Mutationen: Bisher sind vereinzelt blaue und gelbe Formen bekannt geworden.

Arten ohne weißen Augenring

Gemeinsame Merkmale sind das Fehlen eines unbefiederten weißen Augenringes und die Gewohnheit, Nistmaterial ins Gefieder geklemmt einzutragen. Die folgenden fünf Unzertrennlichen sind unbezweifelt selbständige Arten.

Rosenköpfchen

(Agapornis roseicollis) 15 cm
Farbfotos Seite 10, 27, 38
Beschreibung: Das Gesicht ist lachsrosa, die Bürzelregion blau, der ganze übrige Körper grün. Der Schnabel ist hell hornfarben. Jungvögel sind etwas blasser, ihre Schnabelansätze sind schwärzlich. 2 Rassen.
Verbreitung: Namibia, südwestliches Angola.

Freileben: Rosenköpfchen leben in Trockengebieten, in Steppen und Savannen von den Niederungen bis in 1600 m Höhe und auch in Berghangregionen. Wasserstellen sind aber immer in der Nähe, sie werden zweimal am Tag aufgesucht. Rosenköpfchen bauen kolonieweise große überdachte Nester in Felsspalten oder unter Hausdächern, brüten in den Nestern des Mahaliwebers oder in leeren Kammern der Gemeinschaftsnester des Siedelsperlings. Brutzeit ist von Januar bis März (Regenzeit). Auch diese Art macht sich auf Getreidefeldern unbeliebt.

Haltungsgeschichte: 1793 entdeckt, 1817 wissenschaftlich beschrieben, 1860 Ersteinfuhr durch Hagenbeck, 1869 Erstzucht durch Alfred Brehm im Berliner Aquarium. Heute sind Rosenköpfchen von allen Unzertrennlichen die am besten akklimatisierte und am leichtesten zu züchtende Art und jederzeit erhältlich.

Besondere Ansprüche und Eigenarten: Zu anderen Vögeln sind sie sehr aggressiv, so daß bei Reihenvolieren sogar ein doppeltes Trenngitter erforderlich ist. Untereinander sind aber Rosenköpfchen meist verträglich. Die Weibchen tragen das Nistmaterial im Gefieder von Unterrücken und Bürzel ein.

Zucht: Das Nest kann unterschiedlich gebaut werden. Manchmal ist es überdacht wie bei den Schwarzköpfchen, wenn die Vögel aber nicht viel Nistmaterial zur Verfügung haben, wird auch nur der Boden des Nistkastens ausgelegt. Größere Blätter und Papier werden in gezackte Streifen von 10 cm Länge und 0,5 bis 1 cm Breite zerkleinert. Solche Streifen halten im Gefieder besonders gut. Manchmal weichen sie das Nistmaterial im Badenapf ein. Die Männchen gehen zwar ins Nest, sie tragen aber kein Nistmaterial ein. Die Balz ist weniger auffällig als bei den Unzertrennlichen mit weißen Augenringen. Die etwa 5 Eier werden 22 Tage bebrütet, die beim Schlüpfen 3 g schweren Jungen bleiben bis zu 40 Tage im Nest. Sie sind mit 6 Monaten ausgefärbt. Es kann vom ersten Ei, manchmal aber auch vom zweiten oder dritten Ei an gebrütet werden. Die ersten Dunen sind orangerot, die zweiten Dunen dunkelgrau.

Mutationen: Es gibt gelbe, pastellblaue, cremefarbene, dunkelgrüne, gescheckte und noch viele andere Mutationen. Eine der schönsten sind die kräftig gelben Golden Cherries mit ihrer roten Gesichtsmaske und dem blauen Bürzel. Alle diese Farbmutationen sind erst nach 1950 aufgetreten. Einige sind auch in den Zoohandlungen erhältlich.

Bergpapagei, Taranta-Papagei
(Agapornis taranta) 17 cm
Farbfoto Seite 10

Beschreibung: Männchen mit roter Stirn, Schwungfedern und Unterflügeldecken schwarz, sonst grün. Weibchen grün mit grünen Unterflügeldecken. Schnabel bei beiden Geschlechtern rot. Alle Jungen haben Weibchenfärbung, die männlichen besitzen aber schon die schwarzen Unterflügeldecken. 2 Rassen.

Verbreitung: Äthiopische Hochländer von 1300 bis 3200 m über dem Meeresspiegel. Bergpapageien wurden aber auch am Stadtrand von Addis Abeba beobachtet.

Freileben: Diese Art lebt in kleinen Gruppen von 6 bis 10 Tieren in Waldgebieten. Bevorzugte Nahrung sind Feigen und Wacholderbeeren. In der Zeit von November bis Februar wird gebrütet. Die Weibchen tragen im Gefieder Blätter, Blattstreifen, Gräser und Zweigstückchen in die als Nest dienende Baumhöhle ein.

Haltungsgeschichte: 1814 wissenschaftliche Beschreibung, 1906 Ersteinfuhr, 1909 Erstzucht in Wien. Nun ist schon seit Jahren keine Ausfuhr aus Äthiopien mehr möglich.

Besondere Ansprüche und Eigenarten: Diese größte Art der Unzertrennlichen ist weniger kälteempfindlich als die übrigen Arten. Wegen ihrer leisen Stimme fallen sie angenehm auf, sie gewöhnen sich auch gut ein. Bergpapageien fressen mehr Sonnenblumenkerne, Hanf und Hafer als ihre Verwandten. Beeren, frische oder eingeweichte Feigen, Äpfel, Birnen, Hirse und Glanzsamen gehören ebenfalls zu den beliebten Futtersorten. (Übrigens wird von manchen Züchtern ein überdurchschnittlich hoher Bedarf an Vitamin B angenommen.)

Da die Weibchen recht aggressiv sind und ihre Bruthöhle wütend verteidigen, ist nur die paarweise Haltung zu empfehlen. Das balzende Männchen überfliegt mehrmals sein Weibchen, begleitet es bei ihren Kontrollen des Nistkastens, schaut ihr dabei zu oder hüpft zwitschernd hin und her. Sobald das Weibchen den Kasten verläßt, wird es gleich von seinem Gemahl gefüttert. Oft bettelt es sogar das Männchen an. Da nur wenig Nistmaterial eingetragen wird, kann der Kasten kleiner sein als bei den anderen Arten. Eine Mulde ist auszufräsen und etwas Holzmulm einzulegen. Eine unangenehme Eigenschaft ist die Neigung der Bergpapageien, sich selbst, den Partner und die Jungen zu rupfen.

Zucht: Bei dieser Art ist die gegenseitige Sympathie von Bedeutung, aus diesem Grund klappt ein Zuchtversuch nicht immer. Als Nistmaterial werden Blattstückchen bevorzugt, die im Rückengefieder, Hals- und Bürzelgefieder und unter den Flügeln transportiert werden. Es kommt pro Jahr nur zu einer Brut. Die 3 bis 4 Eier werden rund 25 Tage (angeblich sogar bis 29 Tage) bebrütet. Die Entwicklung der Jungen verläuft ebenfalls etwas langsamer, so daß sie oft erst nach 7 bis 8 Wochen das Nest verlassen. Sie werden dann noch sehr lange gefüttert. Die ersten Dunen sind grauweiß, die zweiten dunkelgrau. Im Alter von etwa 100 Tagen sieht man die ersten Spuren von der roten Stirnfärbung der Männchen, erst mit neun Monaten sind sie völlig ausgefärbt. Die nachgezüchteten Bergpapageien werden viel zahmer als die übrigen Unzertrennlichen.

Mutationen: Es gibt Berichte über blaue und zimtfarbene Tiere.

Grauköpfchen

(Agapornis cana) 13 cm
Farbfoto Seite 10

Beschreibung: Männchen besitzen eine dunkelgrüne Oberseite, eine gelblichgrüne Unterseite und sind an Bauch und Kopf blaß grau. Die Weibchen sind am ganzen Körper grün. Der Schnabel ist hornfarben. Jungvögel haben eine gelblichen Schnabel mit schwarzem Schnabelgrund. Schon bei den jungen Männchen zeigt sich die graue Kopf- und Bauchfärbung. 2 Rassen.

Verbreitung: Madagaskar. Auf Rodriguez, den Komoren und Seychellen, auf Mauritius und Sansibar sind Grauköpfchen eingebürgert worden, wobei es nicht sicher ist, ob es sie noch auf allen diesen Inseln gibt.

Freileben: Ihr Lebensraum ist das Küstenflachland mit Gebüschen und lichtem Baumbestand. Sie gehen bis in Höhen von 1000 m. Man sieht meist Kleingruppen von 5 bis 10 Vögeln, die am Boden nach Nahrung suchen. Nur auf den Reisfeldern finden sich größere Gruppen ein.

Haltungsgeschichte: 1788 wissenschaftlich beschrieben, 1860 Ersteinfuhr nach England, 1872 Erstzucht. Gegen Ende des 19. Jahrhunderts wurden Grauköpfchen in großen Mengen exportiert. Heute besteht schon seit einigen Jahren ein Ausfuhrverbot.

Besondere Ansprüche und Eigenarten: Grauköpfchen sind scheuer als die meisten anderen Unzertrennlichen. Die Weibchen sind überdies sehr unverträglich, so daß man die Tiere nur paarweise halten kann. Sie sind kälteempfindlich, können also unter 10° C nicht mehr im Freien gehalten werden. Von den zur Verfügung stehenden Futtersorten ist trockene und gekeimte Kolbenhirse sehr beliebt. Der Nistkasten wird auch außerhalb der Brutzeit zum Schlafen aufgesucht.

Zucht: Grauköpfchen bevorzugen trotz ihrer geringen Körpergröße Nymphensittichnistkästen, sie brüten aber auch in querformatigen Wellensittichkästen. Als Nistmaterial kommen Rindenstücke und Blätter in Frage. Der Transport erfolgt im Bürzel- und Rückengefieder. Im Nest wird das eingetragene Material stark zerkleinert, so daß nur eine Unterlage entsteht. Manchmal trägt ein Weibchen überhaupt nichts ein, daher soll der Nistkasten eine ausgefräste Bodenmulde aufweisen. Die 5 bis 7 Eier werden etwa 21 Tage bebrütet. Die Jungen bleiben 45 Tage im Nest und sind nach 4 bis 5 Monaten ausgefärbt. Die Erstlingsdunen sind schütter und gelblichweiß, das zweite Dunenkleid ist grau. Grauköpfchen neigen dazu, in unseren Wintermonaten zu brüten.

Mutationen: Sind keine bekannt.

Orangeköpfchen

(Agapornis pullaria) 14 cm
Farbfoto Seite 10

Beschreibung: Stirn und Gesicht sind orangerot,
der Bürzel hellblau, das übrige Gefieder hellgrün.
Beim Weibchen ist das Orange etwas blasser und
etwas weniger ausgedehnt. Männchen besitzen
schwarze, Weibchen grüne Unterflügeldecken.
Der Schnabel ist orange. Jungvögel sind mattgrün
mit gelblichem Kopf. 2 Rassen.

Verbreitung: Orangeköpfchen sind am weitesten
von allen Unzertrennlichen verbreitet, nämlich
von Guinea und Sierra Leone bis Südwest-Äthio-
pien, Uganda und Nordwest-Angola.

Freileben: Orangeköpfchen leben im offenen
Grasland und in lichten Wäldern bis in Höhen von
1300 m. Sie ernähren sich von Grassamen, Beeren
und Früchten und besuchen zur Reifezeit die Hirsefelder. Gebrütet wird in Termitenhügeln, häufi-
ger aber in den Nestern baumlebender Ameisen.
Das Weibchen gräbt die Nisthöhle, legt das Innere
mit Gräsern, Rindenstückchen und Grasähren
locker und in dünner Lage aus. Auch bei dieser
Art wird das Nistmaterial im Gefieder eingetragen. Der in die Ameisennester gegrabene Tunnel
ist etwa 30 cm lang und besitzt einen Durchmesser
von 5 cm. Er mündet in eine Brutkammer. Außerhalb der Brutzeit (im Osten des Verbreitungs-
gebietes Mai bis Juli, im Westen September und
Oktober) wird nicht in den Bruthöhlen, sondern
auf Bäumen geschlafen.

Haltungsgeschichte: Carl von Linneé hat diese Art
1758 beschrieben, in England waren aber Orangeköpfchen schon seit 1603 als Hausvögel adeliger
Damen bekannt. Die Erstzucht gelang 1893. In
den letzten Jahren wurden diese Unzertrennlichen
kaum eingeführt.

Besondere Ansprüche und Eigenarten: Frisch eingeführte Tiere sind sehr scheu. Sie müssen bei
Temperaturen um 25° C eingewöhnt werden. Da
sie nicht in einem Nistkasten schlafen, ist immer
für eine entsprechende Temperatur zu sorgen. Neben einem Gemisch aus kleinen Körnern fressen
sie Obst, Ameisenpuppen und Mehlwürmer. Hanf
und Sonnenblumenkerne werden kaum angenommen.

Zucht: Die besonderen Brutgewohnheiten dieser
Unzertrennlichen machen Zuchtversuche nicht
ganz einfach. Zwar haben Orangeköpfchen auch
schon in Holzkästen gebrütet, doch nehmen sie
eher eine Brutmöglichkeit an, die ihnen Gelegenheit zum Graben gibt, also in einem Kasten fest-
gestampften Torf oder eine künstliche Lehmwand.
In den im Freileben benutzten Termitenbauten
bleibt wegen der dicken Isolationsschicht die Temperatur in der Brutkammer ziemlich konstant auf
nahezu 30° C. Da die Altvögel häufig das Nest
verlassen, würden in einem normalen Holzkasten
die Jungen rasch auskühlen. Der Züchter Reinhard Blome aus Bremen hat dies beachtet, indem
er das Nest seiner Orangeköpfchen auf diese Temperatur erwärmte. Er erzielte auf diese Weise gute
Zuchterfolge. Die (im Durchschnitt) 5 Eier werden 23 Tage bebrütet, die Jungen bleiben 45 Tage
im Nest. Die ersten Dunen sind rosa, die zweiten
grau. Schon im Jugendkleid sind die Männchen an
den schwarzen Unterflügeldecken zu erkennen.
Sie sind mit 4 Monaten ausgefärbt.

Mutationen: In Fachbüchern werden blaue und
Lutino-Orangeköpfchen genannt.

Adressen und Bücher, die weiterhelfen

Grünköpfchen

(Agapornis swinderniana) 13 cm
Beschreibung: Gelbliche Brust, schwarzes Nacken-
band, sonst grün. Schnabel schwarz. Beide Ge-
schlechter sind gleich gefärbt. 3 Rassen.
Verbreitung: Liberia, Kamerun, Gabun, Zaire,
Uganda.

Freileben: Grünköpfchen sind ausgesprochene
Waldbewohner und halten sich vorwiegend in den
Baumkronen auf. Wegen dieser Lebensweise
konnten sie bis jetzt kaum einmal beobachtet und
auch nur sehr selten gefangen werden. Sie fressen
gerne Feigen, wurden aber wie die anderen Arten
ebenfalls in Getreidefeldern beobachtet. Die
Brutzeit liegt um den Monat Juli. Gebrütet wird
in Termitennestern auf Bäumen oder in Baumhöh-
len.
Haltungsgeschichte: Seit 1820 bekannt. Vereinzelt
wurden Grünköpfchen eingeführt, sie haben aber
nie die Quarantäne überlebt. Selbst in ihrer Heimat ist es nicht gelungen, sie einzugewöhnen.

Bücher, die weiterhelfen

Bielfeld, H.: Unzertrennliche – Agapornis. Horst
Müller-Verlag, Walsrode.
Brockmann, J.; Lantermann, W.: Agaporniden.
Verlag Eugen Ulmer, Stuttgart.
Delpy, K. H.: Volieren. Philler-Verlag, Minden.
Ebert, U.: Vogelkrankheiten. Verlag M. u. H.
Schaper, Alfeld.
Kolar, K.: GU Kompaß Papageien und Sittiche.
Gräfe und Unzer Verlag, München.
Kronberger, H.: Haltung von Vögeln – Krankhei-
ten der Vögel, G. Fischer Verlag, Jena.
Low, R.: Das Papageienbuch. Verlag Eugen Ul-
mer, Stuttgart.
Robiller, F.: Vogelkäfige und Volieren. Augustus
Verlag, Augsburg.
Wolter, A.: Papageien richtig pflegen und verste-
hen. Gräfe und Unzer Verlag, München.

Zeitschriften

Die Gefiederte Welt, Ulmer Verlag, Stuttgart.
Die Voliere, Verlag M. u. H. Schaper, Alfeld.
Geflügel-Börse, Verlag Jürgens, Germering/Mün-
chen.

Adressen, die weiterhelfen

Vereine:
Vereinigung für Artenschutz, Vogelhaltung und
Vogelzucht (AZ e. V.). Geschäftsstelle: Helmut
Uebele, Untere Au 30, D-7150 Backnang, Telefon
(0 71 91) 8 24 30-9.
Zeitschrift: AZ-Nachrichten.
Zoologische Gesellschaft Österreichs. Haus des
Meeres, A-1060 Wien, Esterhazypark.
Exotis, Schweizerische Vereinigung für Zucht und
Pflege exotischer Vögel. Geschäftsstelle: Exotis,
c/o Erika Rusterholz, Bachserstraße,
CH-8173 Neerach.
Zeitschrift: Gefiederter Freund.

Fragen zur Tierhaltung beantworten auch:
Ihr Zoofachhändler.
Zentralverband Zoologischer Fachbetriebe
Deutschlands e. V., Rheinstraße 35, Postfach 1420,
6070 Langen, Telefon (0 61 03) 2 30 95.

Arten- und Sachregister

Halbfett gesetzte Seitenzahlen verweisen auf Farbfotos. U = Umschlagseite.

Experten-Rat für die Haltung beliebter Heimtiere

Das interessiert den Tierfreund!

Dackel

Leni Fiedelmeier
Rauhhaar, Langhaar, Kurzhaar

...llifische
Eierlegende Zahnkarpfen

Nymphensittiche
richtig pflegen und verstehen

Meerschweinchen
richtig pflegen und verstehen
Kätrin Behrend

Perserka...

GU Tier-Ratgeber

Kompetent, leicht ver-
ständlich und attraktiv
– die preiswerten Bü-
cher für die artgerechte
Tierhaltung mit Herz
und Verstand.

GU bietet informative
Ratgeber für alle
Heimtiere, die häufig
gehalten werden, zum
Beispiel:
- Aquarienfische
(Buntbarsche/Cich-
liden, Goldfische und
Kois, Killifische und
andere)
- Hamster
- Haus- und Nutztiere
(Bienen, Enten, Ponys,
Schafe, Ziegen, Zwerg-
hühner)

- Hunde (Boxer,
Dackel, Deutsche
Schäferhunde, Pudel,
Spaniels, Yorkshire-
Terrier)
- Kaninchen
(Angorakaninchen,
Zwergkaninchen)
- Katzen (Langhaar-
katzen, Perserkatzen)
- Mäuse (Rennmäuse)
- Meerschweinchen
- Streifenhörnchen
- Vögel
(Amazonen, Beos,

Graupapageien, Kaka-
dus, Kanarienvögel,
Nymphensittiche,
Papageien, Pracht-
finken, Sonnenvögel/
Chinesische Nachtigall,
Weichfresser, Wellen-
sittiche, Unzertrenn-
liche/Agaporniden,
Zebrafinken)

GU Gräfe und Unzer

Arten- und Sachregister

Wichtige Hinweise

Menschen, die an einer Feder- beziehungsweise Federstauballergie leiden, sollten keine Papageien halten. Fragen Sie im Zweifelsfall vor der Anschaffung den Arzt.
Beim Umgang mit Papageien können Verletzungen durch Beißen oder Kratzen vorkommen. Lassen Sie solche Verletzungen sofort vom Arzt versorgen.
Die Psittakose (Papageienkrankheit) gehört zwar nicht zu den häufigen Krankheiten der Papageien (→ Seite 45), aber sie kann bei Menschen und Papageien zum Teil lebensgefährliche Krankheitserscheinungen hervorrufen. Gehen Sie deshalb im Zweifelsfall mit dem Papagei zum Tierarzt, suchen Sie bei Erkältungs- und Grippeerscheinungen unbedingt selbst den Arzt auf und weisen Sie diesen auf die Papageienhaltung hin.

Ein Pärchen Pfirsichköpfchen ▷